U0948461

江西理工大学优秀学术著作出版基金资助

企业内部控制评价百分制法

唐立新　著

北　京
冶　金　工　业　出　版　社
2011

内 容 提 要

本书共分6章，主要内容包括：企业内部控制及其评价综述、企业内部控制量化评价、企业内部控制评价百分制法的设计、企业内部控制评价百分制法的评价程序和方法、企业内部控制评价百分制法评价成果的应用、基于综合影响因素的企业内部控制评价百分制法等。

本书可供大中型企业财会人员及内部审计人员、会计师事务所审计人员、会计审计教学及理论研究工作者及其他相关人员参考，也可以作为高等院校审计、会计等专业本科生和硕士研究生的辅助教学用书。

图书在版编目(CIP)数据

企业内部控制评价百分制法/唐立新著. —北京：冶金工业出版社，2011.10

ISBN 978-7-5024-5759-4

Ⅰ.①企… Ⅱ.①唐… Ⅲ.①企业内部管理—研究 Ⅳ.①F270

中国版本图书馆CIP数据核字(2011)第190647号

出 版 人 曹胜利

地　　址 北京北河沿大街嵩祝院北巷39号，邮编100009

电　　话 (010)64027926 电子信箱 yjcbs@cnmip.com.cn

责任编辑 廖 丹 美术编辑 彭子赫 版式设计 葛新霞

责任校对 卿文春 责任印制 张祺鑫

ISBN 978-7-5024-5759-4

北京兴华印刷厂印刷；冶金工业出版社发行；各地新华书店经销

2011年10月第1版，2011年10月第1次印刷

148mm×210mm；5.25印张；153千字；155页

18.00元

冶金工业出版社投稿电话：(010) 64027932 投稿信箱：tougao@cnmip.com.cn

冶金工业出版社发行部 电话：(010)64044283 传真：(010)64027893

冶金书店 地址：北京东四西大街46号(100010) 电话：(010)65289081(兼传真)

(本书如有印装质量问题，本社发行部负责退换)

前　言

20世纪80年代中期，内部控制的概念刚刚形成，对其评价，在书上仅提到调查表法、流程图法以及文字叙述法等定性方法。20世纪90年代初期，笔者在会计师事务所从事实务工作，发现当时在企业年度报表审计中对企业内部控制评价的主要目的是用于评估被审计单位的控制风险，实务工作者因年龄普遍较大，受计划经济的习惯思维、政府审计方法及企业规模的影响，实务中内部控制评价多流于形式，实际效果很差。

随着美国“安然事件”的发生，企业内部控制陡然受到重视，我国也相继制定了一系列相关规范，并强调评价者主体由注册会计师转向大中型企业的管理层尤其是财会及内审人员，相关企业对内部控制的评价由自愿行为转向被强制，内部控制评价对企业经营者尤其是财会和内审人员变成了一项定期的工作。

企业内部控制评价实施的效果取决于企业能否有效实施内部控制自我评价。按照企业内部控制评价指引的要求，进行企业内部控制评价具有很大的挑战性，具体体现在以下四个方面：

（1）企业内部控制评价的内容涵盖五要素，包括非财务报告内部控制。这是我们国家的一个创新，与美国萨班斯法案要求的企业内部控制自我评估不同。美国要求的内部控制自我评估仅是与财务报告相关的内部控制自我评价，旨在对财务报告可靠性提供保证。我国要求的内控评价范围相对更广，这有利于企业全面实现内部控制目标，但面临的挑战也更大。

（2）企业内部控制评价对评价的流程、程序、底稿等要求很高，体现专业审计的特点。《企业内部控制评价指引》的内容很简练，仅仅包括评价内容、流程、缺陷认定和评估报告。这可能会给人一个假象，即内部控制评价实施很简单，其实不然。指引要求企业在自我评价过程中应当形成工作底稿，详细记录企业执行评价工作的内容，包括评价要素、主要风险点、采取的控制措施、有关证据资料以及认定结果等。此外，企业内部控制的评价过程其实完全跟审计上的内部控制测试一样，包括测试的范围确定、拟测试的关键控制、确定样本量、选择样本、记录测试结果等。这对非审计专业的评价人员来说是一个不小的挑战。

(3) 企业内部控制缺陷的认定与操作规范具有很高的难度。《企业内部控制评价指引》要求企业对内部控制缺陷进行初步认定，并按其影响程度分为重大缺陷、重要缺陷和一般缺陷。重大缺陷、重要缺陷和一般缺陷的具体认定标准，由企业根据《企业内部控制评价指引》要求自行确定，而目前在这一领域，企业相关的制度和操作规范基本上是空白。缺陷的认定尽管属于操作范畴，但其难度不应小觑，否则将严重影响内部控制评价实施的效果。

(4) 监管上的要求变化。新的评价指引实施前，上市公司内部控制自我评估报告一般由会计师实施审核并对企业的自我评估出具鉴证报告，即对公司内部控制自我评估报告进行审阅、复核。而实施新的评价指引之后，会计师不再对上市公司内部控制自我评价报告进行审核，而是对企业的内部控制（主要是与财务报告相关的）出具审计意见。如果企业不能认真进行自我评估，就将面临自我评估意见与会计师内部控制审计报告意见不一致的尴尬。于是企业内部控制评价的研究者自然渐多，在研究领域也由定性为主逐步拓展到定量研究。

2000 年笔者调入江西理工大学经济管理学院从事教学研究工作，同时从事企业咨询、企业内部控制诊断和设计、会计鉴定、资产评估等工作，大量接触、整理和研究了企业内部控制的评价案例，2005 年起尝试应用百分制法评价企业内部控制，经不断修改、完善后，于 2010 年把相关案例整理后在《商业会计》杂志上发表了《企业内部控制百分制评价方法的探讨》一文，但仍觉得可操作性欠佳，心存完善之意。正巧，江西理工大学经济管理学院有鼓励出版专著的良好机制，加之江西理工大学经济管理学院院长谢英亮博士及周围同事的鼓励和大力支持，笔者将相关研究成果反复修改、整理后，终成此书。

应用百分制法评价企业内部控制时应注意如下事项：

(1) 加强领导，精心组织。对于众多上市公司和一些大中型企业来说，企业内部控制的概念并不陌生，然而，企业本身对内部控制的评价则是一个全新的课题，需要公司予以特别的关注，加强领导。企业的内控评价应由董事会及审计委员会来负责领导，或是授权内审部门负责组织和实施年度评价和专项评价，确保有足够高的管理层级。它不仅要认定内控制度的设计缺陷和运行缺陷，对内控整体目标是否有效下结论，还需对报告中列示的问题进行改进，并追究相关人员责任。

(2) 与注册会计师等实务专家做好沟通。目前，我国企业普遍不熟悉内部控制评价的具体操作，在这种情况下与注册会计师的沟通显得尤为重要。因为相比之下，注册会计师在内部控制评价方面具有更加丰富专业的经验和方法，企业与他们之间的适当沟通将会使企业自身的内部控制评价更趋于科学合理，从而帮助实现对企业内部控制的有效评价。

(3) 各种评分制度在实践中不断修正。企业内部控制百分评价制是一个渐进的过程，还存在一些缺陷，各企业应当在实践中依照各自不同的情况不断修正、完善和总结，逐步摸索出最适合企业内部控制自我评价的百分制评价方法。

企业内部控制评价百分制法是一种量化评价方法，弥补了定性研究主观性强的缺陷；采用了人们普遍接受的百分制，增加了可操作性，弥补了基于模糊理念的定量研究。但企业内部控制评价百分制法至少还存在下列不足：

(1) 每个企业内部控制评价百分制法均要从设计调查开始，评价程序也不尽相同，难于完全适用于同类企业，前期工作量较大；

(2) 企业内部控制评价百分制法尽管在设计、评价等阶段都考虑了众多因素的影响，但基本属于静态研究，而企业内部控制有效性是动态变化的，从而必然影响评价效果，客观上表明尚有研究的空间；

(3) 在企业内部控制评价百分制法的评分过程中，由于综合考虑因素太多，评价者的经验非常重要，主观性仍然较强，需要评价者有良好的职业判断，而目前我国具有良好的职业判断的评价者甚少，因而可能会在一定程度影响推广。

针对上述不足，企业内部控制评价百分制法应从解决动态性出发，考虑结合应用相关工具或模型，如可以考虑应用系统动力学的基本原理进行分析研究，可对其结果进行动态测试，并在此基础上扩大适用性，至少考虑同时适用于同类企业的内部控制的评价，同时增加客观性。

本书可供大中型企业财会人员及内部审计人员、会计师事务所审计人员、会计审计教学及理论研究工作者及其他相关人员参考，也可以作为高等院校审计、会计等专业本科生和硕士研究生的辅助教学用书。

本书的写作出版要感谢江西理工大学特别是经济管理学院领导及同事的关心和帮助，感谢研究对象——几家公司、会计师事务所和江西赣州司法鉴定中心相关人员的配合，感谢2009级技术经济与管理硕士研究生龙翰林、2010级MBA杨赣萍及2008级本科生欧阳菊香等所做的细致工作，也感谢家人的理解和支持。

由于企业内部控制百分制评价方法是一种较新的方法，书中难免存在不足之处，恳请广大读者不吝赐教（电子信箱：tlxganzhou@163.com）。

作 者

2011年7月于江西赣州

目　录

第1章　企业内部控制及其评价综述

1.1　企业内部控制的特征及作用

1.1.1　企业内部控制的概念

企业内部控制是形成一系列具有控制职能的方法、措施、程序，并予以规范化和系统化，使之成为一个严密的、较为完整的体系。内部控制按其控制的目的不同，可以分为会计控制和管理控制。国外内部控制的演变一般认为经历了四个阶段，即内部牵制（Internal Check）阶段、内部控制制度（Internal Control System）阶段、内部控制结构（Internal Control Structure）阶段和内部控制整合框架（Internal Control Framework）阶段。我国的内部控制发展得比较晚。

1.1.1.1　内部牵制阶段

直到20世纪40年代，内部控制的发展基本上停留在内部牵制阶段——内部牵制的实践。我国在西周时，就闪烁着内部牵制制度的火花，比如“听出入以要会”，即以会计文书为依据，批准财物收支事项。西方则在美索不达米亚文化时期就已经出现了内部控制的初级形式——内部牵制的实践。在当时极为简单的财物管理活动中，经手钱财的人就用各种标志来记录财物的生产和使用情况，以防止财物的丢失和私自挪用。到15世纪末，以意大利出现的复式记账为标志，内部牵制慢慢成熟。它以账目间的相互核对为主要内容并实施一定程度的岗位分离。随着公司制企业的出现，生产资料的所有权与经营权逐渐分离，美国的企业逐渐摸索出一些组织、调节、制约和检查企业生产经营活动的办法，建立了“内部牵制制度”，规定有关经济业务或事项的处理不能由一个人或一个部门总揽全过程。

内部牵制控制的着眼点在于职责的分工和业务流程及其记录上

的交叉控制。内部控制主要通过人员配备和职责划分、业务流程、簿记系统等来完成。其目的主要是防止组织内部的错误和舞弊，通过保护组织财产来保障组织运转的有效性。

1.1.1.2 内部控制制度阶段

20 世纪 40 年代～70 年代，工业革命推动了生产关系的重大变革，股份公司相应地发展起来，与手工工厂相适应的局限于会计事项完整性的内部牵制显然已难以满足企业内部管理的现实需求，开始注重并实施工作标准化等科学方法对内部的经营管理活动进行控制。因此，以账户核对和职务分工为主要内容的内部牵制，从 20 世纪 40 年代逐步演变为由组织结构、岗位职责、人员条件、业务处理程序、检查标准和内部审计等要素构成的较为严密的内部控制系统。1949 年，美国注册会计师协会（AICPA）发表了《内部控制：系统协调的要素及其对管理部门和独立公共会计师的重要性》的特别报告，并定义："内部控制包括一个企业内部为保护资产，审核会计数据的正确性和可靠性，提高经营效率，坚持既定管理方针而采用的组织计划及各种协调方法和措施"。这一定义，突破了与财务会计部门直接有关的控制的局限，它还包括成本控制、预算控制、定期报告经营情况、进行统计分析并保证管理部门所制定政策方针的贯彻执行等内容。

这一阶段内部控制开始有了内部会计控制和内部管理控制的划分，主要是通过形成和推行一套内部控制制度来实施控制。内部控制的目标除了保护组织财产的安全之外，还包括增进会计信息的可靠性、提高经营效率和遵循既定的管理方针。

1.1.1.3 内部控制结构阶段

20 世纪八九十年代，由于审计模式的发展与变革推动内部控制发展，内部控制的发展进入内部控制结构阶段。经过业界的不断探索，1986 年，最高审计机关国际组织对内部控制重新定义："内部控制作为完整的财务和其他控制体系，包括组织结构、方法程序和内部审计。这是由管理者根据总体目标而建立的，目的在于帮助企业经营活动合理化，具有经济性、效率性和效果性；保证管理决策的贯彻；维护资产和资源的安全；保证会计记录的准确和完整，并提供及时、可靠的财务和管理信息。”由于审计“期望差距”的存在，管理环境开始被纳入内部控制的视线，并引起内部控制各要素的重新划分与结构整合。其标志是1988年AICPA发布了《审计准则公告第55号》，以“内部控制结构”的概念取代了“内部控制制度”，并指出“企业内部控制结构包括为提供达到企业特定目标的合理保证而建立的各种政策和程序。”公告认为内部控制结构由控制环境、会计制度和控制程序三个要素构成。我国在这一时期重视自身研究，同时借鉴国外内部控制研究成果，1986年财政部颁发《会计基础工作规范》，其中对内部控制作了明确的规定。

内部控制结构阶段开始把控制环境作为一项重要内容与会计制度、控制程序一起纳入内部控制结构之中，并且不再区分内部会计控制和管理控制。

1.1.1.4 内部控制整合框架阶段

随着企业组织形式与经营业务的发展，人们对内部控制的认识不断深化，内部控制被分为控制机制与控制方法两个层次。控制机制是内部控制的前提与条件，控制方法是内部控制的关键。过去对控制机制尤其是对内部控制的权利配置机制的忽视是影响内部控制功能发挥的重大障碍。因此，要深化对控制机制的研究，并把它内化、整合为一个有机的框架。于是内部控制的发展进入最高发展阶段。

1992年美国资助组织委员会（COSO）发布了指导内部控制实践的纲领性文件——COSO研究报告《内部控制——整体框架》，并于1994年进行了增补。这份报告提出了内部控制的三项目标和五大要素，标志着内部控制进入一个新的发展阶段。COSO委员会指出：“内部控制是由企业董事会、经理阶层以及其他员工实施，为财务报告的可靠性、经营活动的效率和效果、相关法律法规的遵循性等目标的实现而提供合理保证的过程”，同时指出内部控制由控制环境、风险评估、控制活动、信息与沟通、监控五要素构成。

1.1.2 企业内部控制的要素

1.1.2.1 企业内部控制的三要素说

1988 年，AICPA 发布了《审计准则公告第 55 号》，公告认为内部控制结构由控制环境、会计制度和控制程序三个要素构成。控制环境反映组织的各个利益关系主体对内部控制的态度、看法和行为；会计制度规定各项经济业务的确认、分析、归类、记录和报告方法，旨在明确各项资产、负债的经营管理责任；控制程序是管理当局所确定的方针和程序，以保证达到一定的目标。管理环境开始被纳入内部控制的视线，并以“内部控制结构”的概念取代了“内部控制制度”。不过，这一分类方法很快就被企业内部控制的五要素说所替代。

1.1.2.2 企业内部控制的五要素说

1992 年，美国 COSO 委员会指出，内部控制由控制环境、风险评估、控制活动、信息与沟通、监控五要素构成。

（1）控制环境。控制环境提供企业纪律与架构，塑造企业文化，并影响企业员工的控制意识，是所有其他内部控制组成要素的基础。控制环境的因素具体包括：诚信的原则和道德价值观、评定员工的能力、董事会和审计委员会、管理哲学和经营风格、组织结构、责任的分配与授权、人力资源政策及实务。

（2）风险评估。每个企业都面临来自内部和外部的不同风险，这些风险都必须加以评估。评估风险的先决条件是制定目标。风险评估就是分析和辨认实现所定目标可能发生的风险。具体包括：目标、风险、环境变化后的管理等。

（3）控制活动。企业管理阶层辨识风险，继之应针对这种风险发出必要的指令。控制活动是确保管理阶层的指令得以执行的政策及程序，如核准、授权、验证、调节、复核营业绩效、保障资产安全及职务分工等。控制活动在企业内的各个阶层和职能之间都会出现，这主要包括：高层经理人员对企业绩效进行分析、直接部门管理、对信息处理的控制、实体控制、绩效指标的比较、分工。

(4) 信息与沟通。企业在其经营过程中，需按某种形式辨识、取得确切的信息，并进行沟通，以使员工能够履行其责任。信息系统不仅处理企业内部所产生的信息，同时也处理与外部的事项、活动及环境等有关的信息。企业所有员工必须从最高管理阶层清楚地获取承担控制责任的信息，而且必须有向上级部门沟通重要信息的方法，并对外界顾客、供应商、政府主管机关和股东等做有效的沟通。主要包括：信息系统、沟通。

(5) 监控。内部控制系统需要被监控。监控是由适当的人员，在适当及时的基础上，评估控制的设计和运作情况的过程。监控活动由持续监控、个别评估所组成，可确保企业内部控制能持续有效地运作。具体包括：持续的监控活动、个别评估、报告缺陷。

同以往的内部控制理论及研究成果相比，COSO 报告强调：第一，内部控制的对象是企业整个运行过程中的所有要素，必须对构筑企业整体的内部控制框架，包括组织赖以存在的环境因素、内部控制的机制与程序、信息流动等进行全面的考虑与分析。第二，内部控制受企业董事会、管理阶层及其他员工的影响，内部控制的好坏完全取决于制定并执行控制政策和程序的人的素质与观念，如管理者的管理风格与经营理念、内部控制的意识等，故应特别重视人的因素；反过来，内部控制也影响着人的行动。第三，企业内部控制并非只是一个机械的规定或一项制度，管理者应当根据环境条件的变化采取不同的激励与约束措施，灵活地选取适当的控制方式与方法，即内部控制是一个发现问题、解决问题、发现新问题、解决新问题的循环往复的“动态过程”。第四，在现代竞争日趋激烈的社会，任何组织必然面临其内外两方面因素所导致的各种风险，因此管理者必须及时对各种可能的风险加以反映和评估，采取适当的控制措施，以保证内部控制的效率和效果。第五，必须综合采用自然科学和社会科学的各种方法，包括定量分析和定性分析相结合的方法，使内部控制设计的政策、程序与控制措施科学化、合理化与标准化。第六，内部控制是企业管理者采取的一系列控制措施的有机结合，但是不管内部控制的设计、执行如何完善，它也只能为管理者实现组织目标提供合理保证。第七，内部控制本身并不是目的，而是实现组织目标的一种手段或工具。由此可见，内部控制整体框架为关注内部控制的有关各方提供了一个普通认可、内涵统一的内部控制概念框架和评价方法，其涵盖的范围比以往任何一个概念都更为广泛。

我国2006年颁布的《中国注册会计师独立审计准则第1211号——了解被审计单位及其环境并评估重大错报风险中》提及内部控制包括下列要素：控制环境、风险评估过程、控制活动、信息系统与沟通、对控制的监督五要素。这与国际上的普遍说法基本相同。

1.1.3 企业内部控制的特征

1.1.3.1 内部控制基本特征

内部控制（Internal Control）中的英文control，不仅意指控制，还有管理、核实、检验、调节、监督指导等含义，所以一般称之为监控，即规范与监督企业的经营活动，其目的是完成设定的目标。因此“控制”应代表“有效率与有效能地经营企业”，包含“激励”及“绩效衡量”的含义，以缓和其生硬僵化，并得以延伸扩展制度的弹性。汉语中所指的控制，有检讨或检对之意，即检验事物的实际发展是否符合预期的状况，因而内部控制并非是要备有成文规定的具体制度，而是在企业组织规划、管理办法以及各种作业程序中，应用内部控制原则、技术、方法，以贯彻实施既定政策。因此，它一般应具有以下特征：

（1）全面性。即内部控制是对企业组织一切业务活动的全面控制，而不是局部性控制。它不仅要控制考核财务、会计、资产、人事等政策计划执行情况，还要进行各种工作分析和作业研究，并及时提出改善措施。

（2）经常性。即内部控制不是阶段性和突击性工作，它涉及各种业务的日常作业与各种管理职能的经常性检查考核。

（3）潜在性。即内部控制行为与日常业务与管理活动并不能明显地割裂开来，而是隐藏与融汇在其中。不论采取何种管理方式，执行何种业务，均有潜在的控制意识与控制行为。

(4) 关联性。即企业的任何内部控制，彼此之间都是相互关联的。一种控制行为成功与否均会影响到另一种控制行为；一种控制行为的建立，均可能会导致另一种控制的加强、减弱或取消。

1.1.3.2 内部控制的局限性

有效的内部控制能协助企业达到目标，提供企业成长的管理信息，但内部控制亦有其功能上的局限，表现如下：

(1) 内部控制不能改变生性不良的管理者，使之变好。

(2) 内部控制不能保证企业成功及永续生存。

(3) 无法避免判断错误、人为错误或失误。

(4) 无法杜绝集体勾结（Collusion）、串通或围标（Circumvented）。

(5) 风险评估及内部设计反应事实，但资源受限。

1.1.4 企业内部控制在企业管理中的作用

1.1.4.1 内部控制的功能

由于企业内部控制具有维护企业财务安全，降低成本，避免资产损失，当好管理者的助手和参谋的特征，因此，内部控制具备以下四种功能：

(1) 防护功能。内部控制是以计划目标为依据的控制，内部控制对计划的鉴定与分析，使计划更加正确可靠，更有利于制约管理过程中的各种消极因素。

(2) 调节功能。内部控制是管理层的一种职责，内部控制是为了制约标准的执行与平衡偏差，因此，控制的全部工作应包括设计标准、衡量差异、提出分析、采取措施、协助业务部门使其执行结果符合标准，以达到实现监督考核与制约的目的。

(3) 反馈功能。由于内部控制一般采取闭环控制方式，有利于各种管理信息的反馈，因此，对管理目标的执行、差异存在的状况、应采取的措施等能够及时准确的报告给有关管理者，有助于企业各项计划、政策的贯彻、落实和执行。

（4）参谋助手功能。内部控制部门作为企业的职能部门，是专职综合性经济监督机构，应能掌握企业经济管理活动中的决策，随时了解经营工作的总体部署、工作重点和重大举措，围绕调控中的热点从宏观着眼，微观入手，监督和协调经济管理各部门、各环节，使其更好地履行职责，并注意发现经济运行中的新情况和新问题，进行综合性分析，提出改进意见和建议，以促进各项制度和措施的进一步加强与完善。

1.1.4.2 内部控制在企业管理中的作用

恰当地运用内部控制，有利于企业改善经营活动，提高工作效率及经济效益。内部控制是否健全，是企业经营成败的一个关键，其主要作用如下：

（1）统合作用。在一个企业中，虽有不同的作业单位，但要达到经营目标，必须全面配合，以发挥整体团队作用。内部控制正是基于这种指导思想，利用会计、统计、业务、审计等部门的制度、规定及有关信息、报告等作为基本依据，以实现统合与控制的双重目的。

（2）制约与激励作用。内部控制着眼于各项业务的执行是否符合企业以及既定的规范标准，使企业的各项经营活动做到活而有序，达到预期效果。由此可见，内部控制对管理活动能发挥制约作用；严密的监督与考核，能真实地反映工作实绩，并可以稳定员工的工作情绪，激发他们的工作热情及潜能，从而提高工作效率。

（3）促进作用。内部控制要重视制度设计、控制原则的应用，了解业务部门的实际工作动态，及时发挥控制的影响力，使之扬长避短，如期达到管理目标。

事实上，内部控制制度的实施利于企业资产安全；利于经营管理信息的真实，降低了企业风险；利于提高企业效益，符合企业管理工作的根本目的。

1.2 企业内部控制评价方法研究综述

1.2.1 目前企业内部控制评价的方法

随着内部控制评价理论的发展，内部控制评价的方法也越来越多，较早的方法有运用专题讨论会、内部控制调查表、内部控制流程图进行初步分析，进一步发展后开始引入数量统计分析的层次分析法、德尔菲法等，并在此基础上对定性指标进行定量化处理，开始运用数学模型或百分制法进行定量分析。

1.2.1.1 传统评价方法

传统评价方法主要有以下几种；

(1) 个别访谈法。个别访谈法主要用于了解企业内部控制的现状，在企业层面评价及业务层面评价的了解阶段经常使用。访谈前应根据内部控制评价需求形成访谈提纲，撰写访谈纪要，记录访谈的内容。

(2) 调查问卷法。调查问卷法主要用于企业层面评价。调查问卷应尽量扩大对象范围，包括企业各个层级员工，应注意事先保密性，题目尽量简单易答。

(3) 穿行测试法。穿行测试法是指在内部控制流程中任意选取一笔交易作为样本，追踪该交易从最初起源直到最终在财务报表或其他经营管理报告中反映出来的过程，即该流程从起点到终点的全过程，以此了解控制措施设计的有效性，并识别出关键控制点。

(4) 抽样法。随机抽样是指按随机原则从样本库中抽取一定数量的样本；其他抽样是指人工任意选取或按某一特定标准从样本库中抽取一定数量的样本。

(5) 实地查验法。实地查验法主要针对业务层面控制，它通过使用统一的测试工作表，与实际的业务、财务单证进行核对的方法进行控制测试，如实地盘点某种存货。

(6) 比较分析法。比较分析法是指通过数据分析，识别评价关注点的方法。数据分析可以是与历史数据、行业（企业）标准数据或行业最优数据等进行比较。

（7）专题讨论法。专题讨论法主要是集合有关专业人员就内部控制执行情况或控制问题进行分析，既可以是控制评价的手段，也是形成缺陷整改方案的途径。

此外，还可以使用观察、重新执行等方法，也可以利用信息系统开发检查方法，或利用实际工作和检查测试经验。

1.2.1.2 层次分析法（AHP法）

企业内部控制评价的层次分析法（AHP法）是从各个角度把构建或影响内部控制的要素入手，建立若干层次的指标体系并设计相应的权重而评价内部控制是否有效可行的方法。

1.2.1.3 模糊综合评判方法

模糊综合评判方法较适用于评价定性指标，它可以将评价中用模糊语言描述的定性属性定量化，较好地克服信息的模糊性，减少不确定性问题，在一定程度上限制了主观因素对权重设定的影响，使评判结果更为准确客观。

1.2.2 企业内部控制评价方法的综合评价

1.2.2.1 内部控制评价的发展

从内部控制评价的发展来看，早在1939年10月美国会计师协会发布的《审计程序公告》里就增加了对内部控制审查评价的规定，但是早期内部控制评价是作为一种审计程序进行发展和研究的。一直到1979年美国证券交易委员会（SEC）发布的《管理层对内部会计控制的公告》征求意见稿中提议管理层要在年度报告中对内部控制做出评价，才开始涉及企业自身内部控制评价的规定。1988年，SEC正式颁布了《报告管理层的责任》，要求管理层对内部控制负责并评估有效性，只是由于成本巨大没有得以执行。之后内部控制制度日臻完善，2002年7月25日，美国国会通过的《萨班斯-奥克斯利法案》（SOX）的出台推动了内部控制评价的发展，在SOX法案的强制执行内部控制评价下，SEC、AICPA、事务所和上市公司各方都积极地针对内部控制评价做出了进一步的探索。我国于 2008 年 6 月 28 日由财政部、审计署等 5 部委联合发布了《企业内部控制基本规范》，对内部控制的概念框架、有效性及评价问题都做出了相关的规定。

1.2.2.2 不同起点的评价方法

根据不同起点可把企业内部控制评价方法分成详细评价法和风险基础评价法。

（1）详细评价法。以内部控制框架或标准为参照物，根据内部控制框架的构成要素是否存在评价内部控制的设计有效性，测试内部控制的运行有效性，最后综合设计和运行的评价对内部控制的有效性做出总体评价，评估内部控制目标实现的风险，判断是否存在重大漏洞（Material Weaknesses，MW），确定内部控制是否有效。这种思路和方法在企业最初进行内部控制建设或日常的评价中应用较多，这种思路和方法的特点是从控制到风险，即从内部控制到相关目标实现的风险。这种评价思路和方法首先要根据现有的内部控制框架评价企业内部控制的设计和运行，识别出控制缺陷，然后判断是否为实质性漏洞，从而判断内部控制的有效性。评价运行有效性，可以采用测试的方法确定相关的内部控制是否得到了有效实施，从理论和实务上来说不存在太大的问题，而评价设计的有效性在该方法中则是对照内部控制框架或标准进行的，所以，最关键的问题是如何对照企业内部控制框架或标准确定内部控制设计的有效性。

（2）风险基础评价法。企业内部控制的另一种思路和方法不是从控制到风险，而是从风险到控制，即从内部控制相关目标实现的风险到内部控制。首先，要评估相关目标实现的风险；其次，识别和确定企业充分应对这些风险的内部控制是否存在，即评价内部控制的设计应对相关目标实现风险的有效性；第三，识别和确定内部控制运行有效性的证据，评价现有的控制是否得到了有效的运行；最后，对控制缺陷进行评估，判定是否构成实质性漏洞，确定内部控制是否有效。“自上而下”和“风险基础”的理念在这种方法中得到了充分的体现。“风险基础”主要体现在：以评估控制目标实现的风险为起点；关注重要的财务报告和披露风险与问题；仅评价充分应对风险的控制；证据的获取和场所的选择根据风险评估的结果；评价结论（内部控制是否有效）也是以风险为基础的，判断内部控制是否有效也是以内部控制是否很可能防止或发现财务报表中的重要错报为依据的。“自上而下”主要体现在：从财务报表整体开始，然后到账户、披露；从企业层面的控制开始，然后到活动层面的控制。

风险基础评价法与详细评价法的区别类似于财务报表的详细审计与财务报表的风险基础审计，主要体现在以下几个方面：

（1）风险基础法首先评估实现内部控制相关目标的风险，根据风险评估的结果对照企业的内部控制，参考内部控制框架来判断企业内部控制设计的有效性。这样做的好处，一方面可以充分考虑企业特定的情况，避免与内部控制框架的简单核对，具有更好的成本效益性和更广泛的适用性和灵活性；另一方面，关注最重要的风险，提高了评价的成本效益和效率。

（2）风险基础法在确定内部控制的测试范围和搜集证据时也是以风险评估为基础的，这样同样可以提高评价的成本效益和效率。

（3）风险基础法需要更高程度的专业判断。无论是评价内部控制设计的有效性，还是测试内部控制运行的有效性，都是根据最初的风险评估和后续的风险评估进行的，这与详细评价法下根据一个确定的框架来评价相比，需要更高程度的专业判断。

1.2.2.3 评价方法研究综述

《企业内部控制评价指引》第十五条规定，内部控制评价工作组对被评价单位进行现场测试时，可以单独或者综合运用个别访问、调查问卷、专题讨论、穿行测试、实地查验、抽样和比较分析等方法，充分收集被评价单位内部控制设计和运行是否有效的证据，按照评价的具体内容，如实填写评价工作底稿，研究分析内部控制缺陷。在实际评价工作中，以上这些方法可以配合使用。此外，还可以使用观察、检查、重新执行等方法，也可以利用信息系统开发检查方法，或利用实际工作和检查测试经验。对于企业通过系统采用自动控制、预防控制的，应在方法上注意与人工控制、发现性控制的区别。这些比较成熟的方法基本属于定性方法。这些方法尽管均直观明了，易于操作，但主观性强，准确度难于保证。

随着内部控制评价理论的发展，内部控制评价的方法也越来越多，较早的方法有运用专题讨论会、内部控制调查表、内部控制流程图进行初步分析，进一步发展后开始引入数量统计分析的层次分析法、德尔菲法等，并在此基础上对定性指标进行定量化处理，开始运用数学模型进行定量分析。

关于构建内部控制指标体系并运用层次分析法的研究有：张谏忠、吴轶伦（2005）以内部控制自我评价在宝钢的运用为案例，详细说明了宝钢运用调查问卷，作业层级评价标准分析风险控制点，制作“风险控制矩阵”并实施整改的过程。戴彦（2006）通过对A省电网公司的研究，设定目标，流程分析和风险评估，围绕“资金流”构建评价体系，并依据德尔菲法、层次分析法等方法设计权重指标实施评价。于增彪等（2007）以亚新科工业技术有限公司为案例，采用实地研究的方法，建立流程图与指标体系，详细说明了内部控制的设计与评价。

模糊综合评判方法较适用于评价定性指标，它可以将评价中用模糊语言描述的定性属性定量化，较好地克服信息的模糊性，减少不确定性问题，在一定程度上限制了主观因素对权重设定的影响，使评判结果更为准确客观。因此该方法成为目前研究较多的方法，如周春喜（2002）利用层次分析法（AHP）建立了内部会计控制的多层次评价指标体系，讨论了模糊综合评价数学模型，对定性指标进行了定量化处理。

层次分析法、德尔菲法等层次分析法对设定评价框架有很大的帮助，但是层次分析法作为评价方法，在最低层评价中仍存在较大的问题，在对权重的设计中仍含有较多的个体因素与主观判断，尽管一些研究引入了新的方法来弥补缺陷，如姚靠华等（2007）重点分析了如何运用层次分析法确定内部控制评价影响因素的权重，并把案例推理运用其中，推理过程通常分为案例描述、案例检索、案例采用与方案生成三个主要步骤。这时，对内部控制评价的定量研究尤为重要，继而产生了在数学模型的建立与运用基础上的内部控制评价方法。

戴毅、吴群、谌飞龙（2007）认为内部控制系统是个复杂的系统，需要考虑的因素较多，每个因素的权重都很小，如果经过算子综合评判，就可能会出现没有价值的结果，针对这种情况需要采用多级模糊综合评判的方法，建立内部控制评价体系。

骆良彬、王河流（2008）把上市公司内部控制整体框架分解为三级指标体系，用层次分析法确定各指标权重，建立模糊综合评价模型，实现对内部控制质量评价指标从定性评价到量化评价的模糊映射。

还有一些其他的数学模型方法，如王立勇（2004）指出目前内部控制评价的研究工作仍仅仅停留在定性分析方面，定量研究十分罕见，并提出了运用可靠性理论和数理统计方法来构建内部控制系统评价的数学分析模型，以企业业务流程图设计为基础设计内部控制系统评价的可靠性框图和模型。徐程兴（2008）针对现实中获取模型所需样本较小的问题，认为采用灰色评价方法具有可行性，而企业内部控制制度就是一个本征性灰色系统，含有灰色信息。

唐立新、龙翰林（2010）在强调了企业内部控制评价改革必要性的前提下，提出了内部控制百分制评价的基本做法——按照内部控制各要素的重要程度设计出评分系统，再打分：（1）控制环境（30 分）；（2）风险评估（15 分）；（3）控制活动（25 分）；（4）信息系统与沟通（10 分）；（5）对控制的监督（20 分）。分析评价：总分 100 分，得分在 90 分以上，且各要素得分均不低于设计得分 80% 以上者为优秀；总分在 80 分到 90 分之间，且各要素得分均不低于设计得分 70% 以上者为良好等。再对控制环境等要素进行评分设计，在对控制环境进行打分后，按权数计入总分中，如控制环境得分为 92，则在总评分表中可得 92×30% =27.6 分。然后可根据情况再设计下一级乃至几级指标，按权数计算形成体系。

内部控制评价方法已经得以完善和发展，但是，目前的方法仍存在很多缺陷。从最初的层次分析法等，扩展到以层次分析法为基础进行流程分析，并运用模糊数学方法把定性指标定量化，很好地解决了主观设定权重的不确定性。但是模糊数学方法的运用使得一些定量指标也模糊化，造成了评定结果的不准确性，而且运作起来比较复杂。此外，其他的评价方法都存在各自的缺陷，如灰色评价法对定量指标评价简单又准确，但是无法应用于定性指标的衡量。所以，内部控制评价方法还有待我们进一步的研究开发。

1.2.3 对企业内部控制评价标准的思考

内部控制标准是内部控制过程中需要把握的坐标方位，是衡量内部控制效果的界定尺度。强化内部控制是抵御经营风险的重要屏障，是促进科学管理的重要手段，是确保经济安全运行的重要方式，是增强市场竞争力的重要条件。在新时期如何使内控标准更加适应需要、符合发展、讲求实效，是做好内部控制工作重大理论探讨命题与实践操作课题。按目标侧重点进行研究具有现实意义。

（1）以加快科学发展为核心的目标评价标准。一是评价发展目标可操作性。企业应紧密结合实际，制定切合实际、符合科学发展、便于操作的工作目标。二是评价发展目标的进展性。内部控制就是要分阶段、分环节、分要素跟进目标走势，掌握目标实现程度。及时分析落实目标频率快慢和实现目标质量高低的具体成因，搞好信息反馈和进展调控。使目标管理环环紧扣、层层链接、步步延伸。三是评价发展目标成果性。具体工作成果是检验目标成效的根本标准。作为内部控制就是应始终盯住目标实现的阶段性成果，同时对执行目标的偏颇现象进行客观分析，找出问题症结，提出微调目标方向或加大实现目标力度。

（2）以防范风险为核心的风险评价标准。一是评价预测风险水平。预测风险是预防风险的基础和前提。作为内部控制就是要从关注预测风险入手，搞好风险种类、风险部位、风险危害、风险走向、风险变化、风险周期、风险等级的评价，促进预测风险早起步、快发展。真正发挥好预测风险的导航作用、预警作用和前沿作用。二是评价识别风险水平。识别、分辨风险是确保各行业找准风险症结的关键节点。内部控制就是应重点识别财务风险，围绕资金收支推断财务风险存在的部位和程度，锁定财务管理薄弱环节；重点识别经营风险，观察市场起伏变化，判断经营面临挑战和考验的具体方位；重点识别管理风险，探测管理隐患和漏洞，聚焦管理病灶，及时予以整治；重点识别决策风险，预防重大决策失误。三是评价排解风险水平。内部控制就是要运用完善制度手段，切实堵塞制度方面漏洞，从源头上消除风险；防止在重大发展方向运行中出现偏颇，从调控上消除风险；切实敦促相关环节整改风险苗头，从整治上消除风险。

（3）以管理程序为核心的科学评价标准。一是围绕管理程序规范化进行评价。内部控制必须在促进完善管理规则，严格按照规范操作方面下工夫，逐步弱化、取缔不规范行为。二是围绕管理程序科学化进行评价。三是围绕管理程序有效化进行评价。管理程序必须立足实用化。通过严密的内控程序，过筛存在的问题，敦促整改。切实堵塞管理漏洞，消除管理隐患。

（4）以责任管理为核心的职责评价标准。一是评价责任执行力。内部控制就是要检查各环节责任执行落实效果，确保责任落实到人、到位。二是评价决策贯彻执行力。为内部控制既要促进决策思想转化为具体实践，又要检验决策的质量，为调整完善思路提供有价值的决策参考。

（5）以实效性为核心的效能评价标准。一是以转变发展方式为标尺。加快经济发展方式由粗放型向集约型转变是科学发展必然要求。内部控制必须围绕集约经营这个主题，促进企业搞好精打细算，努力开源节流。二是以优化经济结构为标尺。优化结构是提高效能的重要途径。三是以提高效益水平为标尺。

（6）以自主创新为核心的发展评价标准。一是确立研发评价标准。二是确立自主创新实践评价标准。三是确立自主创新阶段发展评价标准。系列评价标准的确定，利于企业长期发展，逐步形成企业的核心竞争力。

在实务中，各企业根据行业特征、企业规模、发展阶段等因素有侧重地以某一项或若干项为主要标准而设计企业内部控制的目标且进行运作。

第2章 企业内部控制量化评价

2.1 企业内部控制评价概述

2.1.1 企业内部控制评价方法研究背景

《内部会计控制规范》指出，内部会计控制应当达到以下基本目标：规范单位会计行为，保证会计资料真实、完整；堵塞漏洞、消除隐患，防止并及时发现、纠正错误及舞弊行为，保护单位资产的安全、完整；确保国家有关法律法规和单位内部规章制度的贯彻执行。但未对整体内部控制的基本目标和评价标准作明确规定。

企业内部控制评价是指企业董事会或类似权力机构对内部控制有效性进行全面评价、形成评价结论、出具评价报告的过程。内部控制评价的对象内部控制评价是对内部控制有效性发表意见。所谓内部控制有效性，是指企业建立与实施内部控制对实现控制目标提供合理保证的程度，包括内部控制设计的有效性和内部控制运行的有效性。其中，内部控制设计的有效性，是指为实现控制目标所必需的内部控制要素都存在并且设计恰当；内部控制运行的有效性，是指现有内部控制按照规定程序得到了正确执行。评价内部控制运行的有效性，应当着重考虑以下几个方面：

（1）相关控制在评价期内是如何运行的；

（2）相关控制是否得到了持续一致的运行；

（3）实施控制的人员是否具备必要的权限和能力。

2.1.2 企业内部控制评价原则和程序

企业内部控制评价至少应遵循：全面性原则、重要性原则和客观性原则三个原则。

企业内部控制评价的程序一般包括：制定评价工作方案、组成评价工作组、实施现场测试、汇总评价结果、编报评价报告等。

（1）准备阶段。

1）制定评价工作方案。内部控制评价机构应当根据企业内部监督情况和管理要求，分析企业经营管理过程中的高风险领域和重要业务事项，确定检查评价方法，制定科学合理的评价工作方案，经董事会批准后实施。

2）组成评价工作组。评价工作组在内部控制评价机构领导下，具体承担内部控制检查评价任务。

（2）实施阶段。

1）了解被评价单位基本情况。

2）确定检查评价范围和重点。

3）开展现场检查测试。

（3）汇总评价结果、编制评价报告阶段。评价工作组汇总评价人员的工作底稿，初步认定内部控制缺陷，形成现场评价报告。

（4）报告反馈和跟踪阶段。对于认定的内部控制缺陷，内部控制评价机构应当结合董事会和审计委员会的要求，提出整改建议，要求责任单位及时整改，并跟踪其整改落实情况；已经造成损失或负面影响的，企业应当追究相关人员的责任。

2.1.3 企业内部控制评价的作用

企业内部控制评价的作用，首先是有助于企业自我完善内控体系。内部控制评价是通过评价、反馈、再评价，报告企业在内部控制建立与实施中存在的问题，并持续地进行自我完善的过程。通过内部控制评价查找、分析内部控制缺陷并有针对性地督促落实整改，可以及时堵塞管理漏洞，防范偏离目标的各种风险，并举一反三，从设计和执行等全方位健全优化管控制度，从而促进企业内控体系的不断完善。第二，内部控制评价有助于提升企业市场形象和公众认可度。企业开展内部控制评价，需形成评价结论，出具评价报告。通过自我评价报告，将企业的风险管理水平、内部控制状况以及与此相关的发展战略、竞争优势、可持续发展能力等公布于众，树立诚信、透明、负责任的企业形象，有利于增强投资者、债权人以及其他利益相关者的信任度和认可度，为自己创造更为有利的外部环境，促进企业的长远可持续发展。第三，内部控制评价有助于实现与政府监管的协调互动。政府监管部门有权对企业内部控制建立与实施的有效性进行监督检查。事实上，在有关政府部门，比如审计机关开展的国有企业负责人离任经济责任审计中，已将企业内部控制的有效性以及企业负责人组织领导内控体系建立与实施情况纳入审计范围，并日益成为十分重要的一部分。尽管政府部门实施企业内控监督检查有其自身的做法和特点，但监督检查的重点部位是基本一致的，比如大多涉及重大经营决策的科学性、合规性以及重要业务事项管控的有效性等。实施企业内控自我评价，能够通过自查及早排查风险、发现问题，并积极整改，有利于在配合政府监管中赢得主动，并借助政府监管成果进一步改进企业内控实施和评价工作，促进自我评价与政府监管的协调互动。

2.1.4 企业内部控制评价的一般标准和内容

2010 年以前，我国内部控制的评价实务中，内部控制系统一般是参照 2001 年财政部颁布的《内部会计控制规范》系列进行的，内容主要是以企业的内部会计控制为主，同时兼顾与会计相关的控制。注册会计师内部控制审核业务是参照《内部控制审核指导意见》进行的。指导意见强调，注册会计师应当在了解内部控制各要素的基础上，根据内部控制能否防止和发现会计报表有关认定的重大错报，评价内部控制设计的合理性。在评价内部控制设计的合理性时，注册会计师应当关注内部控制整体能否实现控制目标，而不应孤立地关注特定内部控制。虽说审计署、财政部等各部门出台了关于内部控制评价方面的规范，应该说，这些规范对于推动企业加强内部控制建设起到了相当大的作用，但不容忽视的问题是相当多的企业或个人对内部控制评价缺乏应有的了解，对内部控制评价的一些核心和基本问题如“评价什么、如何评价”等缺乏清晰的认识；各监管部门对如何具体实施内部控制评价，如采用何种评价标准进行评价、评价什么内容、采用何种方法等尚不明确；各个企业之间，其各自的内部控制体系的有效性和完整性究竟如何，无法进行相互比较。

由于缺乏一套完整的内部控制体系，造成内部控制的评价缺乏统一的标准。直到 2010 年为促进企业全面评价内部控制的设计与运行情况，规范内部控制评价程序和评价报告，揭示和防范风险，财政部专门制定了《企业内部控制评价指引》。

《企业内部控制评价指引》规定了内部控制评价的内容：内部环境评价应当包括组织架构、发展战略、人力资源、企业文化、社会责任等方面。组织架构评价可以重点从机构设置的整体控制力、权责划分、相互牵制、信息流动路径等方面进行；发展战略可以重点从发展战略的制定合理性、有效实施和适当调整三方面进行；人力资源评价应当重点从企业人力资源引进结构合理性、开发机制、激励约束机制等方面进行；企业文化评价应从建设和评估两方面进行，从而促进诚信、道德价值观的提升，为内部控制的完善夯实人文基础；社会责任可以从安全生产、产品质量、环境保护与资源节约、促进就业、员工权益保护等方面进行。风险评估评价应当对日常经营管理过程中的目标设定、风险识别、风险分析、应对策略等进行认定和评价。控制活动评价应对企业各类业务的控制措施与流程的设计有效性和运行有效性进行认定和评价。信息与沟通评价应当对信息收集、处理和传递的及时性、反舞弊机制的健全性、财务报告的真实性、信息系统的安全性以及利用信息系统实施内部控制的有效性进行认定和评价。内部监督评价应当对管理层对于内部监督的基调、监督的有效性及内部控制缺陷认定的科学、客观、合理进行认定和评价。重点关注监事会、审计委员会、内部审计机构等是否在内部控制设计和运行中有效发挥作用。

2.1.5 目前企业内部控制评价的主要问题

在相当长一段时间以来，因为企业内部控制评价的标准和内容均无明确规定，存在以下问题：

（1）内部控制评价、考核、监督机制不完善。我国许多企业根据有关规定制定了很多的内部控制条文，但多只注重制度的文字编写环节，将已制定的企业内部控制制度“印在纸上、挂在墙上”，以应付有关部门的检查、审计，而不管内部控制制度执行情况如何，遇到具体问题多强调灵活性，使内部控制制度流于形式，失去了应有的刚性和严肃性，严重忽略了如何执行制度、判断和报告制度执行的状况、矫正制度执行的偏差等，同时企业内部控制制度执行情况评价、报告等也鲜有实施，其结果是存在制度却得不到执行。另外，由于审计、会计人员是企业经营者领导下的工作人员，其经济利益直接由企业经营者所掌握和决定，审计、会计人员无法真正行使监督职权，如果他们坚持原则，对企业的违法乱纪行为进行抵制，往往受到经营者和其他方面的阻力、刁难甚至打击报复，由于打击报复的手法往往比较隐蔽，且多有冠冕堂皇的理由，政府部门很难有行之有效的措施保障会计人员的权益。为了保护自己，审计、会计人员便不积极进行内容控制工作，内控的作用便无法发挥。

（2）内部控制评价目标不明确。注册会计师评价内容控制主要是用于审计风险评估，但一方面大多数注册会计师限于专业判断能力和国情，不愿也不善于应用这种西方传入的方法，另一方面大多数注册会计师的审计对象是中小企业，采用实质性测试多于风险评估，加之上级监管部门无刚性要求，主流社会无需求，内在需求不大，目标难于明确；至于要求实施内容控制的大中型企业内部会计、审计人员评价内容控制，一方面大多为了应对有关检查，因为这些企业多为国有或国有控股，公司治理结构独特，另一方面企业内部会计、审计人员专业判断能力比注册会计师略逊一些，更不愿也不善于应用这种方法，评价内容控制目标更难于明确。

（3）内部控制评价的评价方式单一。目前的内部控制评价主要是依靠内部控制调查表、内部控制流程图和叙述法等对了解的内部控制制度的基本情况进行描述，以对内部控制制度展开评价，主要是应用主观性强的定性方法进行评价。其中调查表法主要是根据审计目的确定调查事项，用表列示项目标准规范，关键控制点分别列项。这种方法易于判断选择，简便易行，概括性强，但系统性差，难以将所有应调查事项包含在内，易于流于形式。流程图法依据系统确定分工，标明分工界定控制，图示符合衔接规范，流程线路清晰易见，会计记录一目了然，是一种非常直观灵活、便于表达内部控制的特征、查阅和评价内部控制的方法。但使用这种方法对绘制和运用流程图人员的专业素质有很高的要求。文字描述法运用大量的文字来叙述信息的来源、处理、存储以及关键控制点所在，它灵活、简便、易行但同时又较为抽象，细节难辨。评价的标准主要是企业现有的内部控制制度和既定的方针政策，主要结论的形成以定性分析为主，因而存在一定的局限性，主要表现为：1）完整性评价难以到位。被评价企业的内部控制系统，究竟应该怎样建立，符合什么标准，才达到健全完善的程度，各主要业务程序和高风险领域的内部控制是否都已经建立，这是评价内部控制必须首先解决的问题。不同行业不同性质的企业其内部控制模式各有千秋，评价人员在对内部控制系统进行测评时，如果设计的内部控制评价模式不当，则容易对内部控制完整性评价失当。2）有效性评价信赖不足或过度。在了解被评价企业内部控制现状的基础上，评价人员可以根据内部控制的评价模式，对其有效性做出客观评价。对内部控制有效性的评价失当将带来：①信赖不足风险，这是指评价人员没有充分信赖实际上应予信赖的内部控制，产生信赖不足风险。②信赖过度风险，这是指评价人员对内部控制的信赖超过了其实际可信赖程度的可能性。信赖不足风险和信赖过度风险会导致评价人员形成不正确的评价结论。

（4）内部控制评价评价效果很差。以经验较多的注册会计师及其会计师事务所为例，他们在实务中既无动力即评价准确对他们的工作帮助不大，因为他们的管理者即主任会计师，部门经理多用传统式的详查法对他们的工作底稿进行复核，行业协会的监督人员也多以此标准为据；同时又无压力，因为社会、行业协会、服务对象均对此不予关注。由此可知，经验缺少且又受内部控制主导者领导的企业专业人士的作为了，导致内部控制评价评价效果难于得到保障。

概括地说，2010 年财政部制定的《企业内部控制评价指引》为内部控制评价提供了必要和可能。企业内部控制量化评价创新研究就是在此背景下进行的，因为《企业内部控制评价指引》等相关法规的出台，形成了强大的社会影响，企业内部控制评价由自愿转变成强制，内部控制评价也由流于形式逐步转变到实质重于形式。

2.2 企业内部控制量化评价方法现状

2.2.1 企业内部控制量化评价的主要方法

目前内部控制评价的方法较多，其中量化评价的方法也不鲜见，但典型的除本书介绍的百分制法外，主要还有以下几种方法。

2.2.1.1 梁运吉提出的基于模糊数学的内部控制量化评价法

梁运吉在对上市公司内部控制体系进行分析的基础上，建立一套能从总体上反映内部控制状况的评价指标体系，并利用模糊数学的方法，建立评价模型，对定性指标进行定量化研究。

A 评价步骤

首先，了解上市公司内部控制制度，在此基础上建立起内部控制因素集，也就是内部控制的评价指标体系。内部控制因素集相当于模糊数学综合评价中的因素集。其次，建立有关因素集的评价集合，对因素集中的每个具体因素进行评价，得出评价值。然后，采用适当的方法确定因素集中每个具体因素的权重值。最后，进行模糊矩阵变换，从而求得综合评价结果。

B 指标体系的建立

基于模糊数学的内部控制量化评价法的指标体系，如图 2-1 所示。

C 内部控制综合评价模型的建立

a 设计思路

采取具体指标分档打分制与各部分、项目权重分配相结合的方法对上市公司的内部控制进行综合评价。按照内部控制评价指标体系的三个层次划分，评价过程分为以下四个步骤：

（1）各具体指标的得分。按照各具体指标在上市公司中的执行好坏程度，分别对其给出一个具体的分值。

（2）将第一步各具体指标的实际得分综合汇总，取平均值得出每个项目得分。

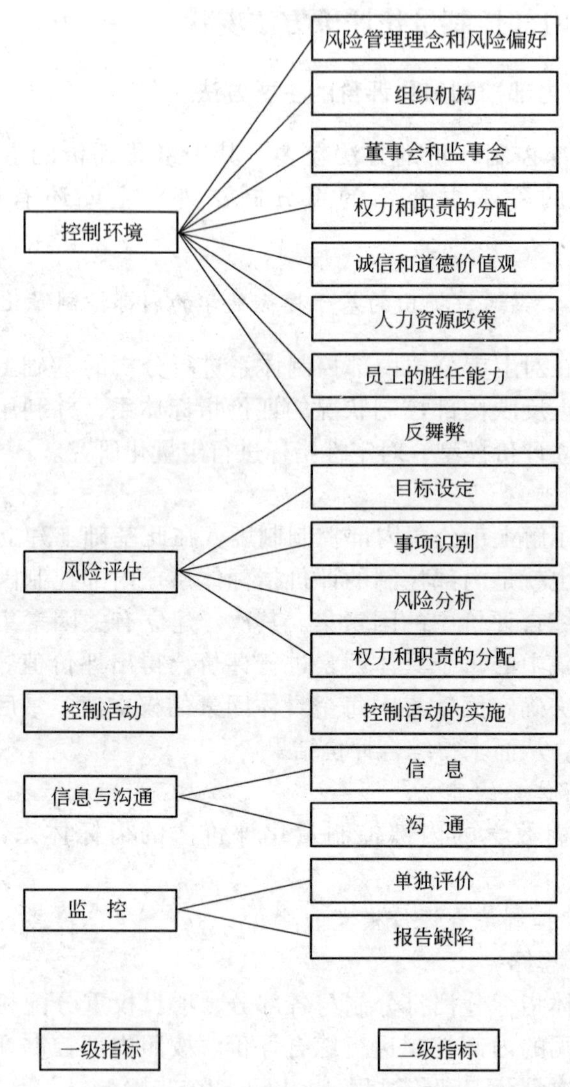

图2-1 基于模糊数学的内部控制量化评价法的指标体系

（3）确定每个项目在各自部分的权重，结合每个项目得分，进而计算出每个部分得分。

（4）考查每一部分在整个评价体系中的重要性，确定其权重，结合具体得分，得出内部控制有效性定性评价最终得分 Z。

b 具体过程

（1）项指标得分。

1）指标分类。本节所述的指标主要有两类，一是“是非型”，二是“渐进型”。“是非型”是指在对指标评价时只有“是”或“否”两种情况；而“渐进型”是指对指标评价时可以分为几个层次。

2）得分档次。按照指标执行情况分为如下四档：第一档是较好，属于这一档的指标得分在 80～100 分之间；第二档是一般，得分在 60～80 分之间；第三档是较差，得分低于 60 分；第四档是未建立，得分为 0 分。

3）指标得分。对于是非型指标，若回答为“是”，则属于第一档或第二档，根据具体情况确定最终得分；若回答“否”，则属于第三档或第四档，具体分值也依具体情况而定。对于渐进型指标则根据指标归属的档次确定其具体得分。

（2）将得分汇总成各项目得分。

1）将各单项指标的最后得分汇总后归类于各项目下。

2）取各类指标的平均值得出每个项目值。

（3）项目得分，得出内部控制评价体系中每一部分的得分。

1）各项目在每部分中的权重，作者将其表示为 R_{xi}，对于权重的确定可以采用德尔菲专家评定法。

2）计算机将各部分得分汇总。

（4）综合得分。

1）内部控制定性评价五部分权重分配，与各项目权重分配相类似，采用德尔菲法。我国有些学者已经或者正在致力于这一方面的研究，取得了一定的研究成果，本书对这一问题就不再进行详细的介绍。在对各项控制要素分配权重时，上市公司可以参考其他学者的研究成果，结合本上市公司自身的情况加以确定。

2）内部控制定性评价综合得分。

D 评价等级的确定

通过上面的计算过程可以得出内部控制综合评价 Z 值得分，参

照 Z 值与内部控制评价等级对照表，得出被评价上市公司内部控制有效性的最终评价等级。本节把内部控制分为Ⅰ、Ⅱ、Ⅲ、Ⅳ、Ⅴ五等，通过综合得分与等级一一对应的关系，按照得分高低的顺序，确定出被评价上市公司内部控制的最后等级。综合得分大于80分的上市公司其内部控制为Ⅰ等，综合得分在60~80分之间的上市公司其内部控制为Ⅱ等，综合得分在40~60分之间的上市公司其内部控制为Ⅲ等，综合得分在20~40分之间的上市公司其内部控制为Ⅳ等，综合得分在0~20分之间的上市公司其内部控制为Ⅴ等。

2.2.1.2 于增彪等提出的内控审计评分标准法

于增彪等人以亚新科为例，根据本企业及下属企业实际的业务内容并结合内控管理对经营风险防范的相关要求，确定内控审计的评价范围是企业构建的全套内控制度，并将内控项目按照大类划分为13个业务循环，即综合项目、环保与职工健康安全、内部控制、信用管理、财务报告、销售和收款、采购和付款、生产和物流、法律事务、IT安全、安全保卫、投资管理、人力资源。

针对这一目标，对每一个项目首先按照内部控制的五要素（即控制环境、风险评估、控制活动、信息与沟通、监控）进行分解，然后再将每一个要素分解为具体的评分内容，采用具体的内控审计方法对其进行评价。具体而言，对一个内控项目的审计评价内容主要包括该项管理业务的管理程序建设、人员培训、风险评估、实际风险控制活动的开展情况、文档资料的收集保管、与其他部门的交流等方面，力争全面涵盖该项业务中可能存在的主要风险控制点。

在确定内控审计评分标准和方法时，考虑到内控评价需要定期进行，并且与前期评价相关，亚新科首先确定整体内控审计评分由三部分构成，即基本项目、以前审计中发现问题的纠正情况、本次审计中发现的新问题及审计师综合印象，然后再按照每一部分的具体内容确定相应的评分标准和方法。

A 基本项目

基本项目内审评分是指内控审计人员依据内控审计项目评分和各项目权重加权得出的审计分，是评分审计的主体。由于内控审计项目中各个具体评分内容所包含的风险不同，对每一个具体评分内容，将根据其风险大小分为高、中、低三级；同时为了体现不同风险等级问题分值的区别，使高风险问题在整个项目值中占较大比例，低风险问题占较小比例，给每个风险等级赋予了一个权重，分别设为5、3、1。权重间距越大，不同风险等级问题的区别会体现得越明显。这样每一个具体评分内容的分数将根据该审计项目的总分及其风险等级来确定（即按权重分配，当审计内容增加时，在总分内容一定的情况下，会自动减少每一项审计内容的分值分配情况）。

为有效凸显企业管理水平，将企业的每个具体评分项目所对应的业务完成程度分为5级。

（1）1级：全部完成（100%），表示程序非常完善，完全按程序实施。

（2）2级：基本完成（75%），表示有程序，但不是很完善。

（3）3级：完成一部分（50%），包括有一定的程序，但程序极不完善，也未完全按程序实施。

（4）4级：完成程度很低，大部分风险未能得到有效控制（25%），表示没有书面程序，但有一定的习惯做法；完全凭习惯或主管领导指示办事。有少量的风险控制意识。

（5）5级：完全未做，与该业务相关风险没有任何防范措施（0%）。表示没有书面程序，也没有具有控制意识的习惯做法；办事随意，各行其是，根本没有风险控制意识。

每个审计项目的得分 = Σ（该审计项目中每个评分项目的权重×完成程度）基本项目得分 = Σ审计项目分值×70%

B　以前审计中发现问题的纠正情况得分

这是为了跟踪运营企业及时解决已经发现的内控薄弱环节情况而进行的评价，该项得分和内控薄弱环节跟踪改进完成程度直接相关。

该部分项目得分 =20% ×已经改进完成的问题数/上年审计师提出的薄弱问题数

C　外部审计师管理建议落实情况

该部分是指企业的外部审计师在进行年度审计后，针对企业存在的管理风险提出的改进建议。这些管理建议是否得到了被审计企业的重视并被贯彻落实的情况需要进行检查评价。

该部分项目得分＝10% ×已经完成整改数/上年度外部审计师提出的整改数

内控评价等级评定采用审计百分制，审计等级确定：一级（优，90分以上）、二级（良，71～89分）、三级（合格但不足，60～70分）、四级（不合格，40～59分）和五级（差或极差，40分以下）。

2.2.1.3 李定安、周娜提出的内部控制状况的模糊综合评价方法

模糊综合评价模型由因素集、评语集、权重集、分数集等若干个集合构成，并利用层次分析法确定指标权重，用模糊聚类分析对评价结果进行归类和综合评价。

建立模糊综合评价模型的步骤如下：

（1）建立内控评价的递阶层次结构。

（2）根据各个指标进行模糊综合运算。

（3）构造向量 $\boldsymbol{T}$，把运算结果转换成分数表示。再综合评判结果。

2.2.2 企业内部控制量化评价整体现状

（1）研究者较多，应用者少。前面已提及的内部控制的评价层次分析法（AHP法）、模糊综合评判方法 、数学模型方法、内部控制百分制评价法，多停留在研究阶段，应用者尤其是主体运用者——注册会计师和大中型企业会计审计人员仍多采用内部控制调查表、内部控制流程图和叙述法等主观性强的定性方法。

（2）方法众多，成熟方法少。内部控制量化评价方法很多，但大多数仍在思维方面，或进入内部控制要素层面，而未按照次级要素或下一级要素延伸研究。如内部环境评价应当包括组织架构、发展战略、人力资源、企业文化、社会责任等方面。组织架构评价可以重点从机构设置的整体控制力、权责划分、相互牵制、信息流动路径等方面进行；发展战略评价可以重点从发展战略的制定合理性、有效实施和适当调整三方面进行；人力资源评价应当重点从企业人

力资源引进结构合理性、开发机制、激励约束机制等方面进行；企业文化评价应从建设和评估两方面进行，从而促进诚信、道德价值观的提升，为内部控制的完善夯实人文基础；社会责任评价可以从安全生产、产品质量、环境保护与资源节约、促进就业、员工权益保护等方面进行。主管部门和行业协会也没有以某种形式肯定、推广某种方法。因而目前内部控制量化评价方法虽多，但成熟方法极少。

（3）脱离实际，可操作性差。目前，内部控制量化评价方法研究者多为理论研究者或相关管理者，实务工作者既无动力又无压力，对这种有潜在社会需求的方法体系进行研究不太可能。理论工作者研究成果的可操作性自然不太好，而内部控制量化评价方法又是实务性的应用研究，结果理论研究与实际难免脱节。

2.2.3 主要原因分析

形成内部控制量化评价上述状况的原因有很多，但主要可以概括为如下几个：

（1）内部控制评价固有因素。业内人士皆知，即使是在已使用时间很长的西方，内部控制评价也存在很多的问题：主观性强，与评估者的经验、职业判断相关；评价的范围难于确定，里面的某个小因素也可能产生重大影响；量化中权数难于快速科学设计，因为被评企业情况千差万别；有经验的专业人才普遍缺乏等。

（2）我国国情。一是自古以来不重数字研究，这与封建时代轻商思想有关；从目前状况看，即使是在大中型企业，企业实际决策人或控制人对内部控制的作用也有认识误区，且事实上良好的内部控制可能至少与他们的短期利益有冲突。二是与社会大环境有关，上级相关监管部门无刚性规定，大中型企业因性质、治理结构等原因对内部控制量化评价需求不旺。三是引入的历史不长，社会认知度不高，缺乏外部压力。四是主要使用者——注册会计师在这方面也既无动力，又无压力，即大有目前先搪塞过去再说之意。

（3）专业人员。一是专业人员数量少，目前主要集中在会计师事务所，而广大企业则很少这方面的专业人员。二是认识不到位，作为主力军的注册会计师在内部控制量化评价方面也既无动力，又无压力，评价被审计单位内部控制多流于形式；而企业内部人员则也觉得内部控制评价“水土不服”。三是因为相关法规刚颁布，整个社会及业界均未形成这方面专业人才的培养和选拔机制。

2.3 企业内部控制量化评价的设计概述

2.3.1 企业内部控制量化评价设计目标及原则

2.3.1.1 内部控制量化评价设计目标

内部控制量化评价设计目标为：准确评价被评企业内部控制的合理性、有效性，为不同使用者所用，如被评企业为防范财务风险和提高投资者信心，注册会计师为合理评价被审计企业风险。

另外，内部控制量化评价设计应当更加具有客观性和可操作性，这与内部控制量化评价的定性分析评价方法有很大的区别。为了增加客观性和可操作性，在设计的各环节中均应尽量加入“数量因素”。

2.3.1.2 内部控制量化评价设计原则

内部控制评价的原则是开展评价工作应该注意的原则，与内部控制的原则不完全相同。企业对内部控制评价应至少遵循全面性原则、重要性原则、客观性原则和目标导向原则。

（1）全面性原则。全面性原则强调的是内部控制评价的涵盖范围应当全面，具体来说，是指内部控制评价工作应当包括内部控制的设计与运行，涵盖企业及其所属单位的各种业务和事项。

（2）重要性原则。重要性原则强调内部控制评价应当在全面性的基础之上，着眼于风险，突出重点。具体来说，主要体现在制订和实施评价工作方案、分配评价资源的过程之中，它的核心要求主要包括两个方面：一是要坚持风险导向的思路，着重关注那些影响内部控制目标实现的高风险领域和风险点；二是要坚持重点突出的思路，着重关注那些重要的业务事项和关键的控制环节以及重要业务单位。

(3) 客观性原则。客观性原则强调内部控制评价工作应当准确地揭示经营管理的风险状况，如实反映内部控制设计和运行的有效性。只有在内部控制评价工作方案制定、实施的全过程中始终坚持客观性，才能保证评价结果的客观性。

(4) 目标导向原则。即要考虑应用内部控制评价百分制法的目标是：注册会计师等用于对被审计企业的控制风险进行评估，还是企业内部审计人员可用于管理审计或企业财会人员可用百分制法对内部控制进行诊断而进行不同层次和详细程度的设计。

2.3.2 企业内部控制量化评价设计思路

企业内部控制量化评价设计思路应当是在选择合理的参考标准基础上，对目标企业内部控制现状进行调查取证和描述，再与评价标准进行比较，得出目标企业内部控制的综合评价，并对其评价结果以量化打分的方式反映。

应用量化办法评价企业内部控制需要解决两个关键问题：第一，解决标准选取问题。如可考虑以 COSO 内部控制框架的关注要点为基础，结合目标企业实际情况、我国的基本国情以及行业特点进行适当改进作为评价的标准体系。第二，评价过程的控制。在标准选取以后，对于评价过程的控制也至关重要，评价过程的设计不合理，也将导致评价失败。

为了解决这些问题，设计调查是必要路径。内部控制量化评价设计调查是在确定调查内容如被设计企业行业状况、法律环境与监管环境以及其他外部因素，被设计企业的性质，被设计企业对会计政策的选择和运用，被设计企业的目标、战略以及相关经营风险，被设计企业财务业绩的衡量和评价等后，拟定设计调查提纲，应用查阅和收集有关制度的文件、现场调查等方法进行。

内部控制量化评价设计应在设计调查资料分析基础上，先进行总体设计，再进行详细设计，形成完整评价体系。

2.3.3　企业内部控制量化评价程序

企业内部控制评价程序一般包括：制定评价工作方案、组成评价工作组、实施现场测试、汇总评价结果、编报评价报告等。内部控制量化评价程序概括而言，主要分为以下几个阶段：

（1）组成评价工作组，制定评价工作方案。内部控制评价机构根据经批准的评价方案，挑选具备独立性、业务胜任能力和职业道德素养的评价人员实施评价。评价工作方案应当明确评价主体范围、工作任务、人员组织、进度安排和费用预算等相关内容。

（2）在了解被评价企业基本情况的基础上，确定检查评价范围和重点，开展现场检查测试。本阶段一定要收集与所采用的方法关注的信息。内部控制评价工作者在本阶段应当对被评价企业进行现场测试，综合运用个别访谈、调查问卷、专题讨论、穿行测试、实地查验、抽样和比较分析等方法，充分收集被评价企业内部控制设计和运行是否有效的证据，按照评价的具体内容，如实填写评价工作底稿，研究分析内部控制缺陷。

（3）汇总评价结果、编制评价报告阶段。评价工作组汇总评价人员的工作底稿，初步认定内部控制缺陷，形成现场评价报告。内部控制评价机构汇总各评价工作组的评价结果，对工作组现场初步认定的内部控制缺陷进行全面复核、分类汇总；对缺陷的成因、表现形式及风险程度进行定量或定性的综合分析，按照对控制目标的影响程度判定缺陷等级。内部控制评价机构以汇总的评价结果和认定的内部控制缺陷为基础，综合内部控制工作整体情况，客观、公正、完整地编制内部控制评价报告。

（4）报告反馈和跟踪阶段。内部控制量化评价者依据评估目的对评价报告进行相应处理。如果是企业量化评价者，则应关注认定的内部控制缺陷，内部控制评价机构应当结合董事会和审计委员会要求，提出整改建议，要求责任单位及时整改，并跟踪其整改落实情况；已经造成损失或负面影响的，企业应当追究相关人员的责任。

就评价程序而言，定性评价与定量评价差别不大，主要是在对被评企业相关内部控制评价时的衡量方法不同。

第3章　企业内部控制评价百分制法的设计

3.1　企业内部控制评价百分制法的可行性

3.1.1　企业内部控制评价百分制法的概念

企业内部控制评价百分制法是根据我国的具体情况提出按照内部控制各要素的重要程度设计出内部控制按要素评分系统，在对企业内部控制进行全面了解后进行评估打分，再根据打分的多少和结构来评价企业内部控制设计的合理性以及执行的一贯性和有效性的一种内部控制量化评价方法。

具体说来，设计评分者根据企业性质、规模等因素，分析企业内部控制五要素的重要程度，设计一级评价指标，如控制环境占30%，而控制环境包括企业文化现状、对胜任能力的重视、治理层（董事会和审计委员会）的参与、管理层的理念和经营风格、组织结构、责任的分配与授权、人力资源政策及实务等二级指标。再把二级指标细化，如企业文化现状占控制环境的25%，而企业文化现状又包含是否显示出操守的重要性且具有协同作用，行为方式是否与企业价值观一致，形成的企业文化是否具有相对的稳定性，是否有辨识和改变文化的机制，文化是否体现全体成员的价值观等三级指标。同理，设计者可根据实际情况进一步细化三级指标成四级指标，从而形成评价指标体系。

3.1.2　企业内部控制评价百分制法的特点

从某个角度看来，企业内部控制评价百分制法是层次分析法的一种特殊形式，但具有以下明显特征：

（1）应用权重设计，即第一层次按五要素设计总分百分，第二层次则每个要素再分成百分，一直可设计到相关人员认为需要的层次，评出得分后再按权数汇总。

（2）第二及以下层次主要依据审计准则风险评估的要素设计，同时根据企业具体情况糅合认为必要要素，具有相当的灵活性，各级主要评价指标可依各企业具体情况而设定。

（3）直观、易于理解。这种方法的最重要特点是不仅专业素质较高的注册会计师等能较好把握，而且一般的会计人员或相关管理人员也能理解和接受，具有很强的可操作性。

（4）内部控制评价百分制法又具备如下特点：

1）能量化内部控制的执行结果，对内部控制各环节执行情况评价的量化与现实要吻合，不是一两个点，而是一个点集，这个点集理论上应包含无限个点。

2）有利于内部控制的综合评价。在内部控制评价中，对内部控制某一方面的评价涉及很多个内部控制点，如何把对这些内部控制点的评价统一起来，得出一个综合评价的结论，这是内部控制评价理论所要解决的又一难题。

3）有利于企业内部控制的自我完善与自我改进，通过内部控制评价能指出企业内部控制在哪些方面存在缺陷，分析这些缺陷是如何影响企业效益的，这种分析能指导企业进行内部控制的改进与完善。

4）能准确地确定内部控制的控制风险。在制度基础的审计中，通过内部控制评价确定实质性测试的时间、性质和范围，是制度基础审计中必需的步骤。

综上所述，内部控制评价的百分制法具有可行性，亦即在实务中有可操作性。

3.1.3 企业内部控制评价百分制法的设计思路

首先选择合理的参考标准，具体标准参见第1章的相关阐述；其次是对目标企业内部控制现状的调查取证，并进行描述；然后通过目标企业内部控制现状与评价标准的比较，最后得出目标企业内部控制的综合评价，评价结果以量化打分的方式反映。

应用企业内部控制百分制法评价企业内部控制需要解决三个关键问题：第一，解决标准选取问题。第二，评价过程的控制。第三，评价内容以外的因素调整。为了解决这些问题，设计调查是必要路径。内部控制量化评价设计调查是在确定调查内容后拟定设计调查提纲，应用查阅和收集有关制度的文件、现场调查等方法进行。内部控制量化评价设计应在设计调查资料分析基础上，先进行总体设计，再进行详细设计，形成完整评价体系。

设计中指标体系的建立非常重要，一是五要素的权数的设计，这是起点；二是指标体系的层级，即百分制设计到第几层，每层中各项目的重要性即权数如何安排；三是如何验证指标体系设计的科学性。

3.1.4 企业内部控制评价百分制法的设计原则

企业内部控制评价百分制法的设计原则如下：

（1）全面性原则。内部控制是一个全方位的整体，它渗透于企业经营活动整个过程并贯穿于经营活动的始终。因此，系统完整原则要求：在设计评价内容方面，必须突破会计控制的局限，在一个更为广阔的视野中，结合治理层面和管理层面去构建内部控制，以确保管理层能有效地付出管理活动、能有效地利用企业资源，员工有效地从事具体业务的操作，信息使用者能获得相关、可靠的企业信息；在设计评价对象方面，内部控制制度应该包括对人的约束和激励、各项业务活动的控制；在设计评价流程上，既应考虑各流程中的风险控制点，又应考虑各控制要素、控制过程之间的相互关联。

（2）成本效益原则。成本效益原则，指为进行内部控制评价而花费的成本。设计者应考虑评价目的、被评价企业经营业务的特点、规模的大小、具体的管理情况，考虑设计的层次、相关指标的详细程度，既要考虑控制设计成本、执行成本和修订成本，又要考虑评价企业内部控制预期效果。

（3）目标导向原则。即要考虑应用内部控制评价百分制法的目标是：注册会计师等用于对被审计企业的控制风险进行评估，还是企业内部审计人员可用于管理审计或企业财会人员可用百分制法对内部控制进行诊断而进行不同层次和详细程度的设计。

（4）调查原则。调查原则是指设计者在设计内部控制评价的百分制之前，必须对被评价企业的概况、经营状况、财务状况和内部控制的有效性进行调查、了解和分析，理顺设计线索，才能真正做好适应于被评价企业内部控制评价的百分制的设计。

（5）重要性原则。重要性原则强调内部控制评价应当在全面性的基础之上，着眼于风险，突出重点。具体来说，主要体现在制订和实施评价工作方案、分配评价资源的过程之中，它的核心要求主要包括两个方面：一是要坚持风险导向的思路，着重关注那些影响内部控制目标实现的高风险领域和风险点；二是要坚持重点突出的思路，着重关注那些重要的业务事项和关键的控制环节以及重要业务单位。

（6）客观性原则。客观性原则强调内部控制评价工作应当准确地揭示经营管理的风险状况，如实反映内部控制设计和运行的有效性。只有在内部控制评价工作方案制定、实施的全过程中始终坚持客观性，才能保证评价结果的客观性。

3.2 企业内部控制评价百分制法的设计步骤

企业内部控制评价百分制法的设计基本程序一般可分为准备、设计、试行和修正四个阶段：

3.2.1 准备阶段

3.2.1.1 设计调查

设计调查是为进行内部控制评价百分制法设计而进行的调查、分析、研究，目的是为了熟悉被评价企业的情况，以增加针对性。

A 调查的内容

首先是企业层面的相关情况，主要有被设计企业行业状况、法律环境与监管环境以及其他外部因素；被设计企业的性质；被设计企业对会计政策的选择和运用；被设计企业的目标、战略以及相关经营风险；被设计企业财务业绩的衡量和评价。

（1）行业状况、法律环境与监管环境以及其他外部因素。行业状况调查表可见表3-1，该表的特色是对调查内容可以作详细评价以利于在设计中关注，并对调查者其他认为重要的事项在备注栏中记录，为下一步设计打好基础。

表 3-1　被评价企业所处行业状况调查表

序号	项　目	评　价	备　注
1	被设计企业所处行业		
2	行业的总体发展趋势（如起步、快速增长、成熟、停滞、萎缩）		
3	相对于行业的发展趋势，企业的发展趋势如何（如快、慢于行业发展）		
4	行业的竞争情况		
5	行业是否受经济周期的影响，影响程度如何		
6	行业生产经营和销售是否受季节影响		
7	行业是否受特定生产技术的影响		
8	行业是否对能源有较高的依赖程度		
9	行业是否有特定的关键指标		

调查法律环境与监管环境以及其他外部因素等其他相关内容，限于篇幅，以文字进行描述，主要有如下内容：

1）法律环境与监管环境。对被设计企业经营活动产生重大影响的法律法规及监管环境；现行的倾向政策、财政政策、关税和贸易限制和税务法规对被审计企业经营活动、投资活动及筹资活动是否产生重大影响？所涉及的主要税种有哪些？税率如何？是否享受税收优惠政策？税务部门、行业主管部门等有关部门近期是否对企业进行检查？

2）其他外部因素。宏观经济景气度对被审计企业所处行业及其经营活动产生的重大影响；当前的利率水平对被审计企业的经营活动、投资活动及筹资活动产生的重大影响；当期的通货膨胀水平对被审计企业的销售和采购价格产生的影响；汇率波动对被审计企业生产经营的影响。

（2）被设计企业的性质。

1）所有权结构：被设计企业的所有权结构性质；股权结构；子公司情况；关联方及可能的关联交易。

2）治理结构及组织结构：企业的治理结构情况；股东会、董事会（执行董事）的构成情况；股东会、董事会运作情况；业主对企业经营活动的参与程度；组织结构与业务的匹配程序。

3）经营活动：被设计企业销售的产品或提供的服务；与生产产品或提供服务相关的信息，如主要客户、合同条款、定价政策、付款条件、利润率等；业务开展情况，如业务分部的设立情况、产品和服务的交付情况等；联盟、合营与外包情况；从事电子商务的情况；业务的地域分布情况；主要客户对关键客户的依赖程度；重要供应商对关键供应商的依赖程度；雇员数量、薪酬水平；劳动力供应、劳动法规对被审计企业的影响；企业为雇员缴纳社会保险的情况；企业重大的研究开发活动及其影响。

4）投资活动：被设计企业的投资活动，如证券投资、债权投资、股权投资、其他投资及投资的处置情况；重大的资本性开支及计划情况；未纳入合并范围的投资。

5）筹资活动：被设计企业的筹资活动，如银行借款、关联方借款、经营租赁、融资租赁、票据贴现等；筹资活动导致的抵押、质押等担保情况；筹资合同中的限制性条款及其影响；出资人与实际受益人是否一致。

（3）被设计企业对会计政策的选择和运用。在采用内部控制评价百分制法的设计调查中，在被设计企业对会计政策的选择和运用方面的主要内容如下：

1）重要的会计政策。存货发出的成本计价方法、生产成本的核算方法、制造费用的分配方法、低值易耗品的摊销方法、应收账款减值准备的计提方法、固定资产的初始计量、折旧方法、可使用年限及残值率、无形资产的摊销方法、可使用年限等。

2）重要的会计政策变更。原会计政策、变更后会计政策、变更日期、变更原因、对变更的处理等。

3）被审计企业的目标、战略以及相关经营风险。被审计企业的目标、战略；被审计企业实现目标和实施战略面临的风险及应对措施；新颁布的会计法规导致的风险及应对措施；监管要求导致的风险及应对措施；融资风险及应对措施；信息技术导致的风险及应对措施。

4）被审计企业财务业绩的衡量和评价。业主评价管理层业绩采用的关键指标；管理层评价公司业绩采用的关键指标；评价员工业绩采用的关键指标；关键指标的监控措施。

其次是业务层面的调查，调查业务流程层面内部控制设计和执行情况主要包括：采购与付款环节；销售与收款环节；仓储与生产环节；货币资金环节；费用环节；工薪与人事环节；财务报告编制环节。这些环节可以反映内部控制有关要素的有效性。

（1）采购与付款环节是企业生产经营中的重要环节之一，对企业内部控制的影响重大，因而对其的详细调查很重要，设计者可以用有关表格进行调查，采用表 3-2 所示采购与付款环节调查表是一种可行的调查方式，它既包含了设计的合理性，又考虑了执行的合理性，利于对这方面内部控制有效性进行评价，并可在备注栏中记录调查者发现的异常事项或其他认为需要记录的事项，便于理清设计思路，更好进行总体设计和详细设计。

表 3-2 采购与付款环节调查表

序号	主要控制活动	设计是否合理	执行	有效性评估	备注
1	采购合同的订立与审批、采购与验收、实物资产的保管与会计记录、付款审批与执行等职务相分离				
2	采购订单与采购申请单核对一致，并经适当人员审批后签订采购合同				
3	采购订单连续编号				
4	仓储部门收到货物后根据采购订单核对数量和内容，并经技师检验合格后入库				
5	验收入库单连续编号				
6	财务部门核对采购订单、采购发票，验收入库单和采购发票一致后进行账务处理				
7	付款申请单经财务部门核对并经适当人员批准后，由出纳人员支付货款，财务人员进行账户处理并经适当人员复核后核销相关单证				
8	月末之前，采购部门将收到的所有采购发票及相关单证交财务部门进行相关处理				
9	与供应商定期对账				
⋮	⋮				

业务层面的其他内容调查，限于篇幅，以文字进行描述，设计

调查人可比照表 3-2 的格式列表进行调查。

（2）销售与收款环节调查主要控制活动如下：

1）订单的接受与赊销的批准、销售合同的签订与审批、销售与发货、实物资产的保管与会计记录、收款审批与执行等职务相分离；定期更新定价政策、信用政策、折扣政策和收款政策；

2）销售部门根据经适当批准的订单签订销售合同；

3）仓储部门根据经适当批准的发货通知单发货，并编制出库单；

4）出库单连续编号；

5）财务部门将出库单、销售合同与销售发票核对一致后入账；

6）销售退回、折扣和折让经适当批准后相应调整账务处理；

7）销售部门定期与仓储部门核对货物销售数量与实际发运数量；

8）定期与客户对账，并调整差异，定期分析应收账款、账龄，并催收逾期应收账款；

9）根据坏账准备政策定期计提坏账准备，经适当批准后核销坏账；

10）收到客户付款后，出纳人员办理托收，财务人员进行账务处理并经适当复核后核销相关单证；

11）月末之前将本月产生的销售合同、出库单交财务部门进行相关处理；

12）定期复核实际销售收入与预算金额并分析差异。

（3）仓储与生产环节调查主要控制活动如下：

1）存货的保管与清查，存货的销售与收款，存货处置的申请与审批、审批与执行，存货业务的审批、执行与相关会计记录等职务是否分离；

2）是否依据经过适当批准的领料单领料；

3）产成品是否经验收后入库；

4）产成品入库单是否连续编号；

5）月末之前，是否将本月产生的领料单、入库单交财务部门进行成本归集、分配和结转；

6）是否定期盘点存货，经适当批准后由仓储、生产和财务部门调整差异；

7）财务部门是否经适当批准后定期计提存货跌价准备；

8）是否定期复核成本差异。

（4）货币资金调查主要控制活动如下：

1）收付款业务的出纳、审核与记录职务是否相分离；

2）银行票据与印章保管的职务是否相分离；

3）办理收付款与结算业务后的凭证是否加盖“收讫”或“付讫”戳记；

4）支票的签发、作废是否按序号连续登记，作废加盖“作废”戳记；

5）是否定期复核银行存款日记账与银行对账单，编制银行存款余额调节表并经适当批准；

6）现金收入是否经适当批准后当日存入银行；

7）库存现金是否由出纳人员专门保管，并定期盘点等。

至于费用环节、工薪与人事环节、财务报告编制环节的主要控制活动可参照《中国注册会计师审计独立审计准则指南》中工作底稿评价业务流程层面内部控制设计和执行情况相关表格中主要控制活动作为调查项目。

B 拟定设计调查提纲

项目选择要不漏不重；项目提法要具体、明确且科学分类；调查提纲可用图表也可用文字，或两者兼用。

［**案例 3-1**］ 证券公司执行会计制度情况调查提纲。

（1）你公司目前执行什么会计制度，你认为能否满足核算的需要？

（2）《证券公司会计制度》中哪些内容需要根据新情况作适当调整？

（3）你认为还应当对哪些新业务进行规范？

（4）在实务中，对于《证券公司会计制度》尚未规范的新业务，你公司是如何处理的（请提供相关的案例）？

（5）《金融企业会计制度》规定对各项资产应当计提减值准备，

并列举了应当计提减值准备的情形。这些情形是否足够？如不够，还需补充哪些内容，以方便公司操作？

（6）如国有证券公司执行《金融企业会计制度》，会遇到哪些会计问题？为顺利执行《金融企业会计制度》，你公司有何具体意见和建议？

（7）除会计制度外，你认为证券公司执行《金融企业会计制度》还存在哪些问题？

（8）你认为证券公司应当披露哪些会计信息，《金融企业会计制度》规范的会计信息披露要求能否满足需要，应当补充（或删减）哪些内容？

（9）你地区证券公司的具体情况：1）证券公司的数量；2）证券公司的组成（综合类和经纪类证券公司各为多少家）；3）国有证券公司的数量和名称；4）国有控股证券公司的数量和名称；5）上市和外商投资的证券公司的数量和名称；6）其他证券公司的数量和名称。

（10）对会计制度建设有何其他意见和建议？

C　设计调查的方法

查阅和收集有关制度的文件；座谈会或个别座谈；发调查表；现场调查。

［**案例 3-2**］　应收账款风险管理的内部控制问卷调查例表。

一、基本情况（略）

二、公司治理机构情况（略）

三、风险防范控制

1. 是否设置风险管理委员会(　　)；

A. 是　　B. 否

2. 风险管理委员会的隶属情况(　　)；

A. 股东大会　　B. 董事会

C. 总经理　　D. 上级部门

3. 风险管理委员会召开会议的时间间隔(　　)；

A. 一年一次　　B. 半年一次　　C. 每季度一次

D. 每月一次　　E. 每旬一次

F. 没有时间规律，遇到情况随时召开

G. 从来没有召开过

4. 风险管理委员会由几个部门的人员组成（ ）；

A. 三个 B. 四个 C. 五个

D. 六个 E. 七个 F. 八个

G. 九个 H. 九个以上

5. 风险管理委员会成员是否有会计审计人员，监事会、审计委员会的成员（ ）；

A. 是 B. 否

6. 风险管理委员会的议事制度由哪个部门制定（ ）；

A. 企业内部自行制定 B. 委托中介机构制定

C. 上级部门制定 D. 没有制度

7. 风险管理委员会是否有外聘专家、学者( )；

A. 是 B. 否

8. 风险管理委员会的主要职责是( )；

A. 事前参与 B. 事中监督

C. 事后监督 D. 解决突发事件

9. 你认为风险管理委员会的效果如何( )；

A. 很好 B. 较好 C. 一般

D. 较差 E. 很差

四、激励考核机制

10. 是否建立考核制度( )；

A. 是 B. 否

11. 考核的时间为( )；

A. 年末 B. 半年度 C. 月末 D. 每日

E. 任务结束后 F. 没有时间规律

G. 从来没有考核过

12. 由谁来考核( )；

A. 上级单位领导 B. 本单位领导

C. 部门领导 D. 考核委员会

E. 相互考核

13. 是否有奖励、惩罚措施(　　)；

A. 是　　B. 否

14. 你认为你的价值是否得到充分的认可（　　）；

A. 相当充分　　B. 比较充分　　C. 一般

D. 不充分　　E. 基本没有

15. 你是否受到过奖励、惩罚(　　)；

A. 经常　　B. 很少　　C. 基本没有

16. 你认为考核制度是否公平、合理(　　)；

A. 是　　B. 否

五、应收账款管理的关键控制点

17. 是否有编制以往销售客户的档案资料(　　)；

A. 是　　B. 否

18. 是否有对销售客户进行信用评估（　　）；

A. 是　　B. 否

19. 对客户信用额度进行评估的部门是(　　)；

A. 信用部门　　B. 销售部门　　C. 会计部门

D. 风险管理部门 E. 委托中介结构

20. 批准赊销的部门是(　　)；

A. 信用部门　　B. 销售部门　　C. 会计部门

D. 风险管理部门 E. 公司领导

21. 是否定期向客户寄发对账单(　　)；

A. 是　　B. 否

22. 是由哪个部门收取客户的对账单(　　)；

A. 信用部门　　B. 销售部门

C. 会计部门　　D. 风险管理部门

23. 是由哪个部门负责催收应收账款（　　）；

A. 信用部门　　B. 销售部门　　C. 会计部门

D. 风险管理部门　　E. 没有催收

24. 是否发生过坏账损失（　　）；

A. 是　　B. 否

25. 由哪个部门确认坏账损失(　　)；

A. 信用部门　　B. 销售部门
C. 会计部门　　D. 风险管理部门

26. 发生的坏账损失对哪个部门的业绩考核有影响(　　)；
A. 信用部门　B. 销售部门　C. 会计部门
D. 风险管理部门　E. 没有影响

27. 对发生的坏账损失是否有记录（　　）；
A. 是　　B. 否

28. 你认为在应收账款管理方面，如何加强对关键点的控制？有何建议？

D　设计调查资料的分析

资料取舍、资料分类和资料分析。

3.2.2　设计阶段

内部控制评价的百分制法设计基本思路如下：确定设计目标；研究设计调查资料，拟定设计路径；总体设计；详细设计。具体做法详见3.3节。

3.2.3　试行阶段

内部控制评价的百分制法设计完成后，应当组织相关人员讨论、征求意见，并应用相关历史资料进行测算，验证其可行性后再付诸试行，本阶段时间一般较长，即长于一个评价周期。

3.2.4　修正阶段

对试行的内部控制评价百分制法在实施过程中发生的问题应随时注意并予以详细记录，便于采取针对性的办法予以修改。修正可以随时进行，但一般是完成一次评价后进行。

由此可见，在运用内部控制评价百分制法时，设计调查是基础，具体设计阶段是关键，但试行阶段和修正阶段也是必不可少的步骤。

3.3 企业内部控制评价百分制法的总体设计

3.3.1 企业内部控制评价百分制法的总体设计依据

总体设计是提出解决企业内部控制评价的方法、原则或办法。企业内部控制评价百分制法的总体设计可以图表为主，辅之以文字说明。

可行的企业内部控制评价的百分制法总体设计一般按内部控制五要素进行，但设计者应当充分了解 2010 年 4 月 26 日财政部会同证监会、审计署、国资委、银监会、保监会等发布的《企业内部控制配套指引》（以下简称配套指引）。配套指引包括：《企业内部控制应用指引》、《企业内部控制评价指引》和《企业内部控制审计指引》。其中，《企业内部控制应用指引》包括 18 项细则，具体为：组织机构、发展战略、人力资源、社会责任、企业文化、资金活动、采购业务、资产管理、销售业务、研究与开发、工程项目、担保业务、业务外保、财务报告、全面预算、合同管理、内部信息传递和信息系统。

应用指引可以划分为三类，即内部环境类指引、控制活动类指引、控制手段类指引。内部环境是企业实施内部控制的基础，支配着企业全体员工的内控意识，影响着全体员工实施控制活动和履行控制责任的态度、认识和行为。内部环境类指引有 5 项，包括组织架构、发展战略、人力资源、企业文化和社会责任等指引。控制活动类指引包括资金活动、采购业务、资产管理、销售业务、研究与开发、工程项目、担保业务、业务外包、财务报告等 9 个指引。控制手段类指引偏重于“工具”性质，往往涉及企业整体业务或管理，包括全面预算、合同管理、内部信息传递和信息系统等指引，这部分对企业内部控制评价占有相当重要的地位。

内部控制评价百分制法的总体设计一般通过设计内部控制百分制评价汇总表的方式，具体见表 3-3。

表 3-3 内部控制百分制评价汇总表

序号	控制要素	要素内容	设计分	实际分	备注
1	控制环境	诚信的原则和道德价值观、评定员工的能力、董事会和审计委员会、管理哲学和经营风格、组织结构、责任的分配与授权、人力资源政策及实务，发展战略、社会责任	25		分析内部环境类指引
2	风险评估	整体目标；风险评估过程；建立识别和应对重大且影响广泛的变化机制；建立识别会计准则的重大变化流程；业务操作流程变化的反应；识别经营环境发生的重大变化流程	10		
3	控制活动	企业业绩报告；提供信息及时、具体；信息系统开发适应性；信息系统的开发；监督程序开发、变更和测试工作；数据恢复系统；沟通渠道及执行；对外部沟通的处理；监管单位的约束；外部人士是否了解企业的行为守则	40		分析控制活动类应用指引和控制手段类指引
4	信息与沟通	授权有关的控制活动；业绩评价有关的控制活动；信息处理有关的控制活动；实物控制；职责分离	15		
5	监控	定期评价内部控制；获得内部控制是否有效运行的证据；外部的沟通效果；相关内部控制建议的处理；纠正控制运行方法；处理监管机构的报告及建议的方法；协助管理层监督的职能部门	10		
合计			100		

3.3.2 企业内部控制评价百分制法的总体设计策略

（1）百分制法总体设计基本上是采用一个企业进行单独设计的原则，同类企业和关联企业可关注相同点并参考应用，企业集团可作为一个整体，也可根据实际情况分成若干主体分别设计。

（2）表 3-3 所示设计分是制造业企业的参考权重，其他行业应根据业务流程等具体情况适当调整；是中型企业的权重，大型企业尤其是上市公司可适当增加信息与沟通的权重，偏小型企业可适当增加控制活动的权重；是传统企业的权重，新兴产业或服务业可考虑增加信息与沟通、监控的比例。涉及企业其他情况及外部因素的设计将在本书后面专门进行详细阐述。

（3）形式上可以图表为主，辅之以文字说明：权重的考虑，打分的程序、方法，各表及各表中相关项目的计算方法及钩稽关系，基本要求，注意事项等。

（4）控制活动根据对资金活动、采购业务、资产管理、销售业务、研究与开发、工程项目、担保业务、业务外包、财务报告等9个控制活动指引和全面预算、合同管理、内部信息传递和信息系统等控制手段类指引的标准分析打分。

（5）内部控制评价百分制法的总体设计要充分考虑被设计企业的业务流程，与被设计企业的业务流程相适应，因为只有这样，才能对被设计企业内部控制的关键控制点的有效性进行合理评价。

（6）百分制法总体设计主要是整个评价体系的框架和原则，为下一步的详细设计确定思路，为设计内容、设计程序做好准备。

3.4 企业内部控制评价百分制法的具体设计

在企业内部控制评价百分制法的总体设计之后，可进行百分制法的具体设计。具体设计又可分成二级指标体系设计、三级指标体系设计乃至四级指标体系设计。

3.4.1 二级指标体系设计

二级指标体系设计主要是按照内部控制五要素的次级指标设计的，可分为与控制环境相关的控制设计，与风险评估过程相关的控制设计，与信息系统与沟通相关的控制设计，与对控制的监督相关的控制设计和与对监控相关的控制设计，具体见表3-4～表3-8。

表 3-4 与控制环境相关的控制分值设计表

序号	描述与控制环境相关的控制	基本要求	设计分数	打分	备注
1	企业文化现状评价	企业文化的地位与作用；企业价值观；员工行为规范；企业环境；企业形象；企业文化传播；人力资源评估；企业无形资产状况；文化氛围；企业社区文化；企业家庭与生活文化	30		企业文化指引
2	对能力胜任的控制	清晰界定和岗位描述；胜任能力标准如对问题的分析和判断能力；处理问题的执行能力；人岗匹配评价、控制	10		企业文化和人力资源指引
3	社会责任	安全生产、产品质量、环境保护、资源节约、促进就业、员工权益保护等	10		社会责任指引
4	管理层理念和经营风格	管理类型如人本管理状况（尊重员工，满足需求等）；与企业是否适应；已形成经营风格的适用性	10		企业文化和组织架构指引
5	管理结构	职责权限、任职条件、议事规则和工作程序；企业治理结构、内部机构设置和运行机制等符合现代企业制度要求；职责权限划分；治理层的参与度	20		组织架构指引
6	发展战略	战略委员会；制定发展目标；全局性、长期性和可行性等维度；分解、落实，确保发展战略有效实施；战略实施后评估制度	10		发展战略指引
7	人力资源	意识与原则；需求分析；招募管理；开发与培训；绩效评价；报酬研究；内部人员关系等	10		人力资源指引
		总　分	100		

注：本表按控制环境的构成要素进行设计，每个二级指标均可直接从三级指标体系加权而得。

表 3-5 与风险评估过程相关的控制分值设计表

序号	描述与风险评估过程相关的控制	设计分	打分	备注
1	企业是否建立并沟通企业的整体目标，并是否有具体策略和业务流程层面的计划	15		

续表 3-5

序号	描述与风险评估过程相关的控制	设计分	打分	备注
2	企业是否建立起了风险评估过程，包括识别风险、估计风险的重大性，评估风险发生的可能性及确定需要采取的应对措施	20		
3	企业是否建立起某种机制，识别和应对可能对企业产生重大且影响广泛的变化	15		
4	会计部门是否建立起某种流程，识别会计准则的重大变化	15		
5	当企业业务操作流程发生变化并影响交易记录流程时，是否存在沟通渠道以通知会计部门	15		
6	风险管理部门是否建立了某种流程，以识别经营环境（包括监管环境）发生的重大变化	20		
总 分		100		

注：本表得分从被评企业相关交易或事项的测试分析而成，具体一般可从三级指标等要素分析而成，其中被评企业的供、产、销各环节控制是主体。

表 3-6 与信息系统与沟通相关的控制分值设计表

序号	描述与信息系统和沟通相关的控制	设计分	打分	备注
1	信息系统是否提供企业业绩报告	8		
2	提供信息是否充分及时、具体	8		
3	信息系统开发变更是否与企业业务流程相适应	10		
4	管理层是否对信息系统进行充分的开发	8		
5	管理层是否充分监督程序开发、变更和测试工作	8		
6	数据中心是否建立数据恢复系统	8		
7	管理层对员工职责和控制责任是否建立了沟通渠道	10		
8	对可疑的不恰当事项和行为建立了沟通渠道	8		
9	内部沟通能否有效执行	8		
10	对外部的沟通，管理层是否采取相关的行动	8		
11	企业是否受到某些监管单位的约束	8		
12	外部人士是否了解企业的行为守则	8		
总 分		100		

注：1. 本表主要参考内部信息传递和信息系统等指引。
2. 本表得分从被评企业相关交易或事项的测试分析而成，具体一般可从三级指标等要素分析而成。

表 3-7 与对控制的监督相关的控制分值设计表

序号	描述与对控制的监督相关的控制	设计分	打分	备注
1	了解与授权有关的控制活动	20		资金活动、采购业务、资产管理指引
2	了解与业绩评价有关的控制活动，包括实际与预算、财务与经营数据、内部数据与外部来源信息	20		全面预算、合同管理指引
3	了解与信息处理有关的控制活动，如信息系统软件的开发、应用、控制和维护	20		内部信息传递和信息系统等指引
4	了解实物控制，包括资产的记录与盘点	20		采购业务、资产管理、销售业务指引
5	了解职责分离避免职工在履行多项职责可能发生舞弊	20		工程项目、采购业务、资产管理、资金活动、销售业务指引
总 分		100		

注：1. 以上备注中仅为主要参考指引，其他相关指引也可能对该项目产生影响。

2. 本表得分从被评企业相关交易或事项的测试分析而成，具体一般可从三级指标等要素分析而成，其中被评企业的供、产、销各环节控制是主体。

表 3-8 与对监控相关的控制分值设计表

序号	描述与对监控相关的控制	设计分	打分	备注
1	企业是否定期评价内部控制	15		
2	企业人员在履行正常职责时，能够在多大程度上获得内部控制是否有效运行的证据	15		
3	与外部的沟通能够在多大程度上证实内部产生的信息或者指出存在的问题	15		
4	管理层是否会采纳内部会计师及相关的内部控制的建议	15		
5	管理层及时纠正控制运行偏差情况的方法	10		
6	管理层处理监管机构的报告及建议的方法	15		
7	是否存在协助管理层监督内部控制的职能部门	15		
总 分		100		

注：本表得分从被评企业相关交易或事项的测试分析而成，具体一般可从三级指标等要素分析而成。

3.4.2　三级指标体系设计

三级指标体系设计是在完成二级指标体系设计后进行的。三级指标体系设计是选择性设计，主要考虑以下因素：

（1）内部控制评价的百分制法评价后的应用目的。注册会计师应用内部控制评价的百分制法对被审计企业的控制风险进行评估，一般企业不设三级指标体系，大型企业、企业集团或上市公司可考虑设三级指标体系；企业内部审计人员、财会人员用百分制法对内部控制进行评价，为完善内部控制可考虑设三级指标体系。

（2）二级指标体系的影响因素。影响因素越多，则越有必要进行三级指标体系设计，反之，必要性更小。

（3）二级指标体系的权重。一般说来，二级指标体系的权重越大，则越有必要进行三级指标体系设计。

例如，评价者对企业文化现状的评价可以应用企业文化现状评估表，具体见表3-9。

表3-9　企业文化现状评估分值设计表

序号	描述企业文化要素	评价标准	设计分	打分	备注
1	企业文化的地位与作用	企业文化建设是否列入企业发展战略，企业文化由谁主抓	12		
2	企业价值观	企业对利润、股东权益、社会责任、尊重员工、员工参与度、产品服务质量、顾客需求等的关注程度	12		价值观是企业文化的核心，是企业评价事物时共有的观点
3	企业员工行为规范	制度建设情况、职业道德建设、遵纪守法、礼仪、作风态度、团队精神	12		表现为企业的规章制度、行为准则等成文的规定和传统、习惯、礼仪、禁忌、时尚等不成文的行为规范
4	企业环境	与政府、社区、股东、经销商的关系；品牌美誉度；环境制约；核心竞争力的稳定性和长远性	7		企业文化的环境适应性越强，企业经营业绩就越大

续表 3-9

序号	描述企业文化要素	评价标准	设计分	打分	备注
5	企业形象	理念识别系统：价值观认同程度、企业哲学提炼水平、经营宗旨的正确度与前瞻性、企业精神完美度评价、企业美德内容评价、企业作风 团体行为识别系统：组织机构健全与完善、运行有序、对员工的尊重与教育，礼仪规范，荣誉、声誉，公共关系，经营方式、方法 视觉识别系统：企业名称的合法性、规范性、易记易识别程度，企业标识、商标的设计与识别效果，标准字体、印刷专用字设计水平，标准色、吉祥物、标志物等	15		企业形象是企业文化外在的综合体现，是企业通过生产经营活动，向公众和客户及消费者展示自身本质特征，并给公众留下的企业整体性和综合性印象与评价。企业形象具有“对内增加凝聚力、对外增加吸引力”的巨大功能。企业形象的表现形式有产品形象、服务形象、员工形象和企业环境形象等
6	企业文化传播	正式传播网络：企业报、刊、书、光盘、网络等；非正式传播网络及团体：各类集会活动，小道消息传播渠道等。公共关系传播效果，营销对公众与客户、消费者的影响，企业品牌及产品的宣传	10		利用各种传播途径将企业价值观、目标、精神、道德、经营方略、品牌、新产品及新技术、新服务等企业物质与精神要素信息传达给社会公众的手段
7	企业人力资源评估	人力资源的综合素质：如学历比重，学习氛围，企业英雄与模范。人力资源配置状况：人才结构、人尽其才。人才环境：政策、培训、激励	10		人才是生产力要素中最积极的要素。开发利用好人力资源，有利于调动员工的工作积极性、自觉性和责任感，从而提高工作效率
8	企业无形资产状况	企业商标、专利、专有技术、著作权、荣誉权、商誉、品牌	6		指企业文化的硬件建设和软件建设相结合所形成的一种具有企业本身个性色彩的“企业文化氛围”

续表 3-9

序号	描述企业文化要素	评价标准	设计分	打分	备注
9	企业文化氛围	企业组织生活：民主生活会、庆祝活动等；工作环境；产品文化：质量、包装、储运、员工对产品的责任心、售后服务；安全文化；娱乐设施：俱乐部、文化馆、活动室等；体育、公益设施及利用状况；礼仪活动评价；文娱活动；社会福利、公益性活动参与程度：义务献血、植树、捐赠、环保等	10		企业文化的硬件建设和软件建设相结合所形成的一种具有企业本身个性色彩的“企业文化氛围”
10	企业社区文化	企业社区环境绿化、美化；管理规范有序；社区娱乐活动	3		
11	企业家庭与生活文化	倡导尊老爱幼、和睦互助、相互谦让的风尚；奖励措施，如配备文化、学习用具，奖励有成就的子女等；与社区文化相结合的家庭活动，如家庭才艺展示、文体比赛等	3		中国人的家庭观念比较重，家庭文化氛围的好坏直接影响企业员工的工作情绪和工作热情、工作效率。就企业文化而言，企业家庭文化富有浓重的中国特色，属于企业文化的边缘性内容
	合计		100		

注：本表打出来的得分按权数折算成为表 3-4 中“企业文化现状评价”的组成部分。

企业全面预算管理是企业管理的重要手段，也是评价内部控制的重要载体，评价者可以应用表 3-10 进行详细评价。

表 3-10　企业全面预算现状评估分值设计表

序号	描述企业全面预算要素	评价标准	设计分	打分	备注
1	组织科学，完善授权管理体系	1. 严谨的授权管理体系使管理部门责、权、利的统一； 2. 董事会、预算管理委员会、企业归口管理部门、部门与班组四级预算管理机构	10		责任不明，争抢功劳，推卸责任；权力不明，争权夺利，拈轻怕重；有责有权，责任无法落实；有权无责，就会滥用职权

续表 3-10

序号	描述企业全面预算要素	评价标准	设计分	打分	备注
2	注重沟通，确定先进合理的预算目标	1. 目标自上而下下达，预算编制自下而上体现目标的具体落实，达到全员参与； 2. 确定标杆，指标要先进合理	30		预算制定是所有者与经营者等不同利益主体之间的博弈；指标先进合理是预算制定的关键
3	过程控制，预算执行与调整、控制	1. 调整的条件与程序是执行中刚性的主要要素； 2. 控制要分日常和例外，要重视异常变动	15		过程控制关键在于预算执行中调整和控制； 调整的内外条件、程序及刚性
4	完善的分析制度	1. 定期的分析制度； 2. 发现差距、揭示存在的问题及其原因，并提出有效的改进措施	15		分析是执行好坏的尺度，找出差距并改进是执行有效的关键
5	绩效评价，完善激励与约束机制	1. 经营者年薪和员工工资总额挂钩； 2. 刚性执行预算	20		预算是绩效考核的重要依据，刚性执行预算是企业诚信文化的集中体现
6	管理工具与手段	是否使用平衡记分卡等	5		手段应适应企业
7	与企业战略目标的关联度	企业战略目标是否纳入指标	5		指标体系科学性的重要标志
		总分	100		

注：本表打出来的得分按权数折算成为表 3-7 中“了解与业绩评价有关的控制活动，包括实际与预算、财务与经营数据、内部数据与外部来源信息”的组成部分，约占 50%，即 10 分。

3.4.3 四级指标体系设计

如有必要，可在设计好三级指标体系后再设计四级指标体系。

例如，对评价者可以应用表 3-10 中的第 2 项即注重沟通，确定先进合理的预算目标进行详细评价，可设计四级指标体系，具体见表 3-11。

表 3-11　企业全面预算目标及编制评价分值设计表

序号	描述企业预算目标及编制的要素	评价标准	设计分	打分	备注
1	企业预算目标确认程序	1. 是否以历史的财务资料为基础； 2. 目标是否由相关人员反复酝酿； 3. 是否以可行的方式先自上而下下达，再自下而上，“七上八下”，达到全员参与	15		
2	企业预算目标指标体系	1. 指标体系中各指标的权重是否合理，即是否描述不同利益主体之间博弈的合理状况； 2. 指标体系中是否有非财务指标； 3. 指标体系中是否有战略指标； 4. 指标体系中是否有否决指标； 5. 指标体系是否与绩效管理等相衔接	30		
3	企业全面预算编制内容	1. 预算营业预算是否包括销售、采购成本、销售成本、存货、营业费用预算； 2. 资本支出预算是否运用科学指标对企业购买的设备等非常规业务事项的投资进行预测和估算； 3. 财务预算是否包括现金预算和预计的资产负债表	25		
4	企业全面预算编制方法	1. 是应用固定预算，还是弹性预算； 2. 是否应用滚动预算； 3. 是否进行了敏感分析	20		
5	企业全面预算目标及编制的领导	1. 是否真正有预算管理委员会的领导； 2. 企业全面预算目标及编制过程是否有异常压力	10		
		总　分	100		

注：本表打出来的得分按权数折算成为表 3-10 中“注重沟通，确定先进合理的预算目标”的组成部分。

第 4 章　企业内部控制评价百分制法的评价程序和方法

4.1　企业内部控制评价百分制法的评价程序

企业内部控制评价百分制法评价应当参照《企业内部控制基本规范》和 2010 年财政部制定的《企业内部控制评价指引》，结合内部控制评价百分制法的特点和目标企业实际情况进行。内部控制评价百分制法评价程序一般包括：制定评价工作方案、组成评价工作组、实施现场测试、汇总评价结果、编报评价报告等。

4.1.1　准备阶段

(1) 成立内部控制评价机构，明确有关职责和任务。企业一般授权内部审计机构或专门机构或委托中介机构（以下称“评价机构”）负责内部控制评价的具体组织实施工作。评价机构必须具备一定的设置条件：一是能够独立行使对内部控制系统建立与运行过程及结果进行监督的权力；二是具备与监督和评价内部控制系统相适应的专业胜任能力和职业道德素养；三是与企业其他职能机构就监督与评价内部控制系统方面应当保持协调一致，在工作中相互配合、相互制约，在效率效果上满足企业对内部控制系统进行监督与评价所提出的有关要求；四是能够得到企业董事会和经理层的支持，有足够的权威性来保证内部控制评价工作的顺利开展。

明确有关职责和任务，一般说来是：1）董事会对内部控制评价承担最终的责任。2）经理层负责组织实施内部控制评价工作，实际操作中，可以授权内部控制评价机构组织实施，并积极支持和配合内部控制评价的开展，创造良好的环境和条件。3）内部控制评价机构根据授权承担内部控制评价的具体组织实施任务，通过复核、汇总、分析内部监督资料，结合经理层要求，拟订合理评价工作方案并认真组织实施；对于评价过程中发现的重大问题，应及时与董事会、审计委员会或经理层沟通，并认定内部控制缺陷，拟订整改方案，编写内部控制评价报告，及时向董事会、审计委员会或经理层报告；沟通外部审计师，督促各部门、所属企业对内、外部内控评价进行整改；根据评价和整改情况拟订内部控制考核方案。4）各专业部门应负责组织本部门的内控自查、测试和评价工作，对发现的设计和运行缺陷提出整改方案及具体整改计划，积极整改，并报送内部控制机构复核，配合内控机构（部门）及外部审计师开展企业层面的内控评价工作。5）企业所属单位也应逐级落实内部控制评价责任，建立日常监控机制，开展内控自查、测试和定期检查评价，发现问题并认定内部控制有缺陷，需拟订整改方案和计划，报本级管理层审定后，督促整改，编制内部控制评价报告，对内部控制的执行和整改情况进行考核。

（2）制定评价工作方案。内部控制评价机构应当根据企业内部监督情况和管理要求，分析企业经营管理过程中的高风险领域和重要业务事项，确定检查评价方法，制定科学合理的评价工作方案，经董事会批准后实施。评价工作方案应当明确评价主体范围、工作任务、人员组织、进度安排和费用预算等相关内容。评价工作方案既以全面评价为主，也可以根据需要采用重点评价的方式。

（3）成立内部控制评价工作组。评价工作组是在内部控制评价机构领导下，具体承担内部控制检查评价任务。内部控制评价机构根据经批准的评价方案，挑选具备独立性、业务胜任能力和职业道德素养的评价人员实施评价。评价工作组成员应当吸收企业内部相关机构熟悉情况、参与日常监控的负责人或业务骨干参加。企业应根据自身条件，尽量建立长效内部控制评价培训机制。

4.1.2 实施阶段

（1）了解被评价企业基本情况。充分与企业沟通企业文化和发展战略、组织机构设置及职责分工、领导层成员构成及分工等基本情况。本部分可参照设计调查内容。

（2）确定检查评价范围和重点。评价工作组根据掌握的情况进一步确定评价范围、检查重点和抽样数量，并结合评价人员的专业背景进行合理分工，分工的重要参考依据是前述设计要点。检查重点和分工情况可以根据需要进行适时调整。

（3）开展现场检查测试。评价工作组根据评价人员分工，综合运用各种评价方法对内部控制设计与运行的有效性进行现场检查测试，按要求填写工作底稿、记录相关测试结果，并对发现的内部控制缺陷进行初步认定。工作底稿应以设计的图表为主线，分层测评后汇总，利于形成总结性意见。

现场检查测试具体测试程序和内容，见货币资金测试表（表4-1）和实物资产测试表（表4-2）。

表4-1 货币资金测试表

序号	测试程序	测试内容	备注
1	检查不相容岗位是否相互分离	检查实际办理货币资金业务是否设置出纳，费用报销核算、工资核算、成本会计岗，收入会计岗，税务核算岗，资产核算岗，总账会计，财务经理岗位并由不同的员工担任，确保办理货币资金业务的不相容岗位相互分离、制约和监督	
2	检查是否建立严格的授权批准制度	检查是否对货币资金业务建立严格的授权批准制度，明确审批人对货币资金业务的授权批准方式、权限、程序、责任和相关控制措施，规定经办人办理货币资金业务的职责范围和工作要求	
3	检查费用报销是否经过合理审批	检查支取现金凭证，检查借款、报销申请单授权人员是否根据审批限额审核，检查银行对账单金额与核付款通知单金额一致	
4	检查是否专人定期核对银行账户并经相关人员审核	检查是否由出纳人员每月编制银行余额调节表，发现不符是否及时追查原因，及时处理，并需经过成本会计和总账会计或财务经理双重审核	
5	检查现金盘点是否定期进行	检查是否每日由出纳岗位组织现金盘点，发现账实不符是否及时处理	
6	检查票据的购买、使用、保管背书转让和注销等手续是否健全	检查出纳人员启用票据是否由收入会计登记管理，已购买的支票及已领用的收据是否由出纳自行保管，已使用完的票据存根联是否经收入会计核对后交回出纳人员保管	
测试结论：			

表4-2 实物资产测试表

序号	测试程序	测试内容	备注
1	检查实物资产的购买是否经过相应审批	检查企业实物资产相关不容岗位是否分离，检查是否由资产使用部门填写《采购计划申请表》提出购买申请，经本部门以及采购部门审核判断需要购买的必要性及核定价格后是否提交技术部和企业副总经理或总经理逐级审批	
2	检查预算管理办法是否被严格执行	检查年度资产预算是否通过技术部经理、物资供应科经理、财务部经理、总工程师、总经理和董事会逐级审核通过。检查技术部是否编制季度预算执行分析表，通报预算执行情况	
3	检查实物资产的验收程序是否符合规定	检查《验收单》是否经由采购申请人、使用部门、技术部和财务部共同进行验收；检查《基础设施验收单》是否经由建设单位、技术部、财务部、办公室、使用部门负责人和总工程师联合签字确认；检查仓库管理员是否对存货进行验收并编制入库单；检查供应商开具的发票是否与采购订单、合同、验收单、入库单等外部单据一致	
4	检查资产入账记录是否及时完整	检查技术部和物资供应科是否及时将发票交给财务部入账，检查固定资产管理系统信息和金额是否和财务账面一致	
5	检查是否按规定进行实物资产的转移	检查凡属物料使用部门、物资供应科之间实物资产转移，是否由物料使用部门填制《领料单》，报使用部门负责人和物资供应科负责人审批	
6	检查资产折旧账务处理是否完整	检查固定资产折旧是否符合企业规定的折旧方法及年限，检查固定资产折旧额是否和财务账面一致，检查折旧凭证是否存在专人审核	
7	检查是否按规定的程序审批实物资产的报废和毁损	检查实物资产报废或毁损是否由使用部门经理提出申请并填写《报废申请单》，报经技术部经理、财务部经理、总工程师、总经理批准。审批内容包括资产报废理由，报废资产型号类别，资产报废是否经过审批后交财务部资产会计进行固定资产报废入账	
8	检查是否按照规定进行实物资产的盘点	检查是否定期对存货和固定资产进行全面检查，如发现账、卡、物不相符，是否及时查明原因，监督物资供应科及时改正，以利于账、物相符，账、卡相符，账、账相符，盘盈盘亏结果是否经过总经理审批后才能入账	
测试结论：			

4.1.3 评价结果汇总

评价工作组汇总评价人员的工作底稿，初步认定内部控制缺陷，形成现场评价报告或评估小结。现场评价报告或评估小结要汇总评价工作组的评分意见及评分结果，对有异议之处应予以记录。评价工作底稿应进行交叉复核签字，并由评价工作组负责人审核后签字确认。评价工作组将评价结果及现场评价报告向被评价企业进行通报，由被评价企业相关责任人签字确认后，提交企业内部控制评价机构。

采用内部控制评价的百分制法评价内部控制，评价机构汇总各评价工作组的评价结果，对工作组现场初步认定的内部控制缺陷进行全面复核、分类汇总；对缺陷的成因、表现形式及风险程度进行定量或定性的综合分析，按照对控制目标的影响程度判定缺陷等级。

4.1.4 综合评分和认定内部控制缺陷

采用内部控制评价百分制法评价内部控制，在评分过程中，应认定内部控制缺陷。内部控制缺陷是描述内部控制有效性的一个负向的维度。评价者需要运用职业判断开展内部控制评价，按设计缺陷和运行缺陷，重大缺陷、重要缺陷和一般缺陷，财务报告缺陷和非财务报告缺陷进行综合分析。

内部控制缺陷的重要性和影响程度是相对于内部控制目标而言的。按照对财务报告目标和其他内部控制目标实现影响的具体表现形式，具体区分财务报告内部控制缺陷和非财务报告内部控制缺陷并分别阐述内部控制缺陷的认定标准。

（1）财务报告内部控制缺陷的认定标准。财务报告内部控制的缺陷是指不能及时防止或发现并纠正财务报告错报的内部控制缺陷，可划分为重大缺陷、重要缺陷和一般缺陷，所采用的认定标准直接取决于由于该内部控制缺陷的存在可能导致的财务报告错报的重要程度。这种重要程度主要取决于两个方面的因素：1）该缺陷是否具备合理可能性，导致企业的内部控制不能及时防止或发现并纠正财务报告错报。2）该缺陷单独或连同其他缺陷可能导致的潜在错报金额的大小。另外还应考虑：董事、监事和高级管理人员舞弊；企业更正已公布的财务报告；注册会计师发现当期财务报告存在重大错报，而内部控制在运行过程中未能发现该错报；企业审计委员会和内部审计机构对内部控制的监督无效。

（2）非财务报告内部控制缺陷的认定标准。非财务报告内部控制是指针对除财务报告目标之外的其他目标的内部控制。这些目标一般包括战略目标、资产安全、经营目标、合规目标等。非财务报告评价应当作为企业内部控制评价的重点。采用内部控制评价百分制法评价内部控制，应根据设计标准和自身的实际情况、管理现状和发展要求，加以细化或按内部控制原理补充，参照财务报告内部控制缺陷的认定标准，合理确定定性和定量的认定标准，根据其对内部控制目标实现的影响程度认定为一般缺陷、重要缺陷和重大缺陷。其中定量标准，即涉及金额大小；定性标准，即涉及业务性质的严重程度。主要考虑：企业缺乏民主决策程序；企业决策程序不科学；违犯国家法律、法规等。

内部控制缺陷的报告与整改等工作在本书的后续章节进行阐述。

4.2 企业内部控制评价百分制法的评价方法

4.2.1 现场检查测试主要方法

（1）个别访谈法。主要用于了解企业内部控制的现状，在企业层面评价及业务层面评价的了解阶段经常使用。访谈前应根据内部控制评价需求形成访谈提纲，撰写访谈纪要，记录访谈的内容。

（2）调查问卷法。主要用于企业层面评价。调查问卷应尽量扩大对象范围，包括企业各个层级员工，应注意事先保密性，题目尽量简单易答。

（3）穿行测试法。穿行测试法是指在内部控制流程中任意选取一笔交易作为样本，追踪该交易从最初起源直到最终在财务报表或其他经营管理报告中反映出来的过程，即该流程从起点到终点的全过程，以此了解控制措施设计的有效性，并识别出关键控制点。

（4）实地查验法。主要针对业务层面控制，它通过使用统一的测试工作表，与实际的业务、财务单证进行核对的方法进行控制测试，如实地盘点某种存货。

(5) 比较分析法。比较分析法是指通过数据分析，识别评价关注点的方法。数据分析可以是与历史数据、行业（企业）标准数据或行业最优数据等进行比较。

(6) 专题讨论法。主要是集合有关专业人员就内部控制执行情况或控制问题进行分析，既可以是控制评价的手段，也是形成缺陷整改方案的途径。

此外，还可以使用观察、重新执行、抽样等方法，也可以利用信息系统开发检查方法或利用实际工作和检查测试经验。

4.2.2 具体评分项目业务完成程度分级

具体评分项目业务完成程度分级见表4-3。

表4-3 具体评分项目业务完成程度分级

完成程度	具体含义
100%	全部完成。程序非常完善，完全按程序实施
80%	完成（或做到大部分，或基本完成）。有程序，但不很完善；基本照程序实施
60%	完成一部分。包括有一定的程序，但程序极不完善，也未完全按程序实施
40%	完成程度低，大部分风险未能得到有效控制。没有书面程序，但有一定的习惯做法；完全凭习惯或主管领导指示办事。有一定的风险控制意识
0%	完全未做，与该业务相关风险没有任何防范措施。没有书面程序，也没有具有控制意识的习惯做法；办事随意，各行其是，根本没有风险控制意识

应用表4-3对具体评分项目进行评分时，可以先按大约完成的百分比定级，评价者根据职业判断进行详细打分，再按设计项目的隶属关系折算汇总到相关的项目或表格中去。应用这种方法便于分层判断，思路清晰。

4.2.3 评估结果分级

在对以上各项要素打分的基础上分析评价内部控制的好坏时，

可以考虑设置：总分在90分以上，且各次级要素得分均不低于设计得分70%以上者为优秀；总分在75～89分之间，且各次级要素得分均不低于设计得分60%以上者为良好；总分在60～74分之间，且各次级要素得分均不低于设计得分50%以上者为基本可行；总分在59分以下者为不可行；在总分与各次级要素得分不能同时满足以上条件时，酌情定级。

4.2.4 案例分析

现以对重庆某铝业公司内部控制的诊断为例，介绍企业内部控制评价百分制法的评价方法。

4.2.4.1 企业简介

重庆市某铝业股份有限公司（下简称铝业公司）是三峡库区淹没企业——原涪陵钢铁厂迁建替代企业，是中国铝业公司对口支援三峡库区的定点企业。公司成立于1995年3月，于2001年3月整体变更为股份有限公司，注册资本12146万元。公司位于重庆市涪陵区清溪镇，占地面积250亩，现有员工560人，各类专业技术人才156人，拥有总资产4亿元，银行信用等级AAA。主导产品有铝锭及铝基系列产品，现已形成年产5万吨电解铝生产规模。生产系统采用先进的超浓相输送技术、计算机模糊控制技术和烟气干法治理技术。公司产品从2002年开始出口日本、韩国，当年出口创汇1280万美元，公司自1996年投产以来，产销率均保持100%，经济效益和社会效益良好，利税逐年递增，主要经济指标在重庆市电解铝工业企业中排名第1位，自1999年公司年实现利润在1000万元以上，连续4年列入重庆工业50强。

目前该公司下设行政部、生产部、质检部与财务部，负责该公司的内部管理、人力资源、生产管理，产品质量控制与财务结算工作。各部门由公司总经理直接领导，各部门负责人的任免由公司决定，部门经理以下的人事权全面下放给各部门自主（除财务部）。应该说在目前该公司企业规模与行业特性的状况下，这种公司体系内部责权明确的管理方式是较为实际和实效的。尤其值得欣慰的是，在对各部门负责人及公司领导进行访谈的过程中我们真切体会到，该公司高层领导对各部门的信任与放权程度是非常高的，各部门领导及员工也非常认可自己的管理权限及施展空间，该公司员工的心理感受与实际运营状态是比较健康和“自如”的，这是非常可贵的。

4.2.4.2 诊断评分

A 控制环境部分

与控制环境相关的控制评分表见表4-4。

表4-4 与控制环境相关的控制评分表

序号	描述与控制环境相关的控制	优 点	缺 点	打分	设计分
1	企业文化现状	企业部分管理人员责任心强，对企业发展有一定的认识度，特别是企业主的多方面行为对企业带来积极的影响	由于企业内部员工的素质有限，对企业发展认识肤浅，还有自身内心活动的影响，极大地影响了他们的积极性与参与度	28	30
2	对能力胜任的控制	企业对内部管理有一整套相关规章制度，还算比较完善	企业在对这些相关规章制度的执行力度上不够，在员工看来是不公平的，造成员工对自己的胜任能力没有正确的认识	8	10
3	社会责任	安全生产、促进就业、员工权益保护等良好	产品质量、环境保护、资源节约有改善空间	9	10
4	管理层理念和经营风格	企业拥有丰厚的工作经验，有一套有自己特色的管理渠道	企业在管理上没有根据时代的变化做出相应的更新，战略设想过于保守	9	10
5	管理结构	职责权限、任职条件、议事规则和工作程序较好	管理结构欠缺，企业过于集权造成下层人员的依赖，处理事都没有“未雨绸缪”的观念和习惯	8	20
6	发展战略	战略委员会；制定发展目标；全局性、长期性和可行性等维度佳	分解、落实，确保发展战略有效实施；战略实施后评估制度待完善	9	10

续表 4-4

序号	描述与控制环境相关的控制	优　点	缺　点	打分	设计分
7	人力资源	注重选用新型人才	在选人用人方面太过保守，也缺乏一些新的方法与手段	8	10
总　分				79	100

a　企业文化现状

全面、深入地了解该铝业有限公司企业文化创建的基础、时机、创建过程中存在的各方面障碍等，为该公司提炼企业核心文化，并对核心文化进行分解和创建提供科学的依据。根据调查过程中获取的信息从该公司在企业文化方面的优点和缺点方面着手。

优点方面：(1) 企业主在员工心目中的感召力。该公司员工对企业主的认同感非常强，不管是总经理还是副总经理都在员工心目中有很高的权威性，这种权威性不单单是来自企业主这个角色，更多的是来自于个人的人格魅力，因此这种权威性是稳固的。另外企业主家属在企业中都能跟员工融洽相处，并在很多方面都能表现出对员工的关心，这是很难能可贵的。有了这个强大的基础，在企业中形成一种核心力和凝聚力就相对容易得多。(2) 企业主对企业文化的重视。一个企业能否创建有利于企业发展的企业文化跟企业主的个人人格魅力以及决心有着主要的关联。一个企业创建企业文化的成功与否跟企业主的信心和决心有着必然的联系。(3) 企业主个人观点鲜明。根据创始人哲学，企业文化的根源和基础来自于企业的创始人，包括一些理念、性格爱好、工作习惯等，而总经理和副总都在这方面表现出了明确的个性。如重视执行、既看重效率又看重质量、对员工关心、强调工作责任心、敢于放权让下属解决问题等，从中我们可以提炼出企业文化的核心价值观。(4) 创建企业文化的时机比较有利，这个时机主要体现在企业的规模上。在企业文化创建上我们很注重企业的规模，原因是一个企业规模大了，员工多了，那么核心价值观念形成的难度就大，效果不是很明显；当企业规模小了，企业文化的作用体现不明显，往往会被企业忽视，所以最终也会流产。（5）员工的思想相对简单，服从的意识较强。员工思想简单并不一定是好事，但是因为企业文化创建需要一个长期的过程，在这个过程之初，更为看重的是员工的服从意识，我们可以从员工的服从中培养一种意识习惯和行为习惯。

缺点方面：（1）员工素质过低，理解力不强。企业文化强调的自发式的统一观念和行为，首先是思想上的认同。一个人理解力不强往往影响他对新的价值观念的理解和认同，无形之中增大了企业文化创建的难度。（2）员工对企业文化的重视不够。企业文化最终要从企业里每位员工的思想和行为中得以体现，那么员工对企业文化的重视不够就处在了单向的被动位置，他们没有一种积极的心态去认同和接受，相反是被动甚至可以理解为被强制性的引导，所以在短期内很难有比较明显的效果。我们只能尽可能地做到润物无声。（3）员工以自我为中心，自我保护意识过强。在企业实行一些变革时，员工首先想到的不是自己未来能得到什么好处，而是自己现在的哪些利益会受到损害。所以对我们企业文化创建切入点的选择以及对技巧的把握提出了更高的要求。（4）管理层的素质及技能有待提高。在企业文化的创建与执行过程中，管理层起到的作用是关键的、核心的。因此企业可以考虑对管理层进行内训与外训相结合的培训来提高能力。（5）整个管理体系需要资源重整。目前的企业管理大纲并不适合该公司未来的管理工作，所以管理大纲的修改是必需的，特别是岗位职责的内容。目前的岗位职责对于管理团队的形成并不是很有利，同时很容易让没有承担岗位责任的人推卸责任。（6）同时需要一套与企业文化相匹配的规章制度来保障执行。

这个获取信息的过程需要考虑员工个人与公司心理活动的矛盾性，可采用问卷调查的方式进行了解。企业文化调查基本情况概述如下：对公司企业文化创建的专门调查中，通过对企业员工的抽样调查，抽样人数为 20 人（男员工 10 人，女员工 10 人），其中高层管理 2 人，中层管理 2 人，办公室一般行政人员 3 人，一线生产人员 13 人；接受调查人员平均年龄在 20 ~ 30 岁的年龄段中。还采用对整个企业的日常行为的观察调查，通过两种调查方式的结合，尽可能地做到了对调研内容的全面、科学和准确，从中发现了很多细节性问题。

（1）员工对企业的满意度不高。在抽样调查的20名员工中，对总经理个人全部表示满意。主要是认为总经理很关心员工，很多方面能为员工着想；另外在员工面前没有老板的架子，能让员工信服。对企业的满意度不高，除了每个月能够按时发放员工工资以外，其他方面都有表现出不满意或者非常不满意的。比如个人待遇方面17人表示不满意，另外3人中有1人认为自己的情况跟别人不同，更看重现在岗位的锻炼机会，其他2人没有问及到待遇方面问题。对于管理方面的看法：一线员工认为是管理层人员管理能力不够；中层人员认为部门之间无法沟通；高层人员认为中层管理没有做好传达和执行，另外中层管理人员带着个人感情色彩管理公司。

（2）员工对企业的归属感不强。一线13名员工最看重的是调整和增加工资，认为这一项是决定自己能不能长期在东升工作的主要因素。他们认为自己出来打工就是为了赚钱，其他方面不是很看重，但如果能把其他方面搞好就更好了。就目前而言没有归属感。其他人员认为工资不是最重要的，但也一定要合理，跟自己的岗位和能力要相符合。看重企业的发展，认为企业发展了自己也就有成就感，也期望企业在关心员工方面做得更多一点，希望能找到一种家的感觉。

（3）员工对企业发展的关心程度一般。一线员工更看重自己个人的待遇问题。认为自己在任何公司做事，做多少事拿多少钱，不管企业发展怎么样都得这样，当然如果企业发展得好一些，员工工资就能够保障多一些。其他人员认为企业发展得好一些，可能自己的舞台就大一些，更能体现自己的个人能力，因此也希望企业能在这方面透明度高一些。

（4）员工对自己岗位工作的成就感不强。一线员工认为做好自己岗位的事没什么成就感，其他人员有一定的成就感，比如中层管理认为自己在生产质量上有了改进或者通过自己的努力使一线员工能够服从自己的管理就感到了一种成就。

（5）员工在公司工作的打算及自身职业生涯规划不明确。一线员工没有长远计划，能不能在东升工作主要看待遇。高、中层管理都能有在东升的工作打算并有自己下一步的工作计划。一般行政人员中，1 人认为以后打算是不是在东升工作还很难说，但至少两年之内会在东升做好自己的工作；1 人认为自己会在东升长期工作下去，如果该公司不辞退的话；1 人认为自己在几年之内会在东升工作并感觉自己有能力担当更具挑战性的岗位工作。

(6) 员工对企业不满意的地方较多。员工对企业采用押金表示不满意的有 20 人，占访谈人数的 100%；对企业目前的工资体系不满意的有 20 人，占 100%；对企业目前的规章制度不满意的占 100%；一线员工对工作时间过长不满意的占 40% 以上；一线人员对管理人员不满意的占 70% 以上；认为本岗位计件工资偏低的有 7 人；工作累了时在岗位上打盹，结果被拍照公布，对这种行为不满的有 1 人；对请病假要扣钱不满的有 3 人；对不同岗位不同合同期不满意的有 1 人。

(7) 规章制度的执行不力。员工认为企业规章制度合理的话自己都能够认真履行。员工认为对目前规章制度的执行并不是很好，员工也有不遵守规章制度的，不过这主要原因是管理人员没有执行好规章制度。员工认为现在的规章制度执行的效果也不好，认为规章制度的不合理，执行力的不够反而起到了一些反作用，例如员工会认为企业没有能力执行，对企业的形象、对规章制度的约束力在意识层面上反而产生了反面的效果。

(8) 员工对企业主的认同和信任度很高。被调查人员都认为总经理是一个很不错的老板，但在管理方面可能还需要更科学有效的方法。认为企业一定会朝着员工所期望的方向发展。

(9) 企业文化概念模糊。在调查中发现，不论是企业高层还是基层人员，对企业文化的认识非常模糊。企业文化作为一种新的管理思想，成为了企业发展中最为关注的焦点。企业文化是企业员工的共同价值观。因此也有人把企业文化称为企业宗教。其特征表现在：1) 从管理的角度去看企业文化，应首先把它看成是一种行为约束方式。企业文化是企业员工特别是企业经营者对企业经营哲学、行为准则等的认识，通过各种活动表现出来，实际上是企业价值观的反映，最终要在企业内部达成共识，从而对员工的行为予以指导或约束。2）从企业文化产生的结果看，它所约束的是人们行为的反应方式。其表现出最为重要的特征是：当一个企业中所有的人遇到同样的事，都能自觉地、有时甚至是本能地做出相同的反应。企业文化是企业的内部环境，它在观念层次上影响员工的行为。一个企业是不是有着自己的企业文化，就要看员工是不是与企业具有共同价值观。

重要性分析：（1）企业文化在企业发展过程中的影响力。使一个人的能力发挥到极限，企业文化具有不可取代的激励作用，在一个优秀的团体中，能充分发挥个人的潜力，甚至使个人能力发挥到极限。（2）企业文化使企业形成了一个有机整体。企业文化是员工各种思想长期相互作用过程中形成，在企业内部达成共识。它具有很强的凝聚力和向心力，使企业形成一个有机整体。（3）企业文化使企业的经营理念得到了真正的落实。企业文化弥补了规章制度和目标管理的不足。文化的亲和性，可以造成一种融洽的气氛，弥补了各种规范化管理手段或程序的不足，增强了员工之间的默契。（4）企业文化使企业的内耗和管理费用降低。良好的企业文化鼓励一种积极向上的行为，它能避免企业的内耗，降低管理费用。（5）企业文化可以使企业获得更高的劳动效率。企业文化不仅在观念上促进企业员工的共识，还在各种技术规范或其他制度规范上达成统一认识，提高企业的劳动效率。

任务的艰巨性：创建企业文化是企业管理与经营的一场革命。另外，在企业文化的重要性中，很多人都会忽视一个重要作用，那就是让员工有了归属感。当一个企业里员工的月薪达到四千元以上时，他所注重的不再是企业提供的工资跟福利待遇了，而是企业文化；当月薪达到六千元时，他所注重的是企业的远景规划或者说发展前景了。高薪人才选择企业的标准是企业的软件。一个有自己独特文化的企业不但可以保证人才的稳定性，还具有吸引人才的优越性，更为人才提供了一种归属感和个人尊严。

企业文化的原始基础是企业业主的个人人格魅力。所以在谁对企业文化负责中，有人提出了创始人哲学。也就是说企业创始人对企业文化负责，因为企业文化的原始基础是创始人的个人行为和观念。创始人的个人行为和观念并不是全部都是积极向上的，也有些是消极的甚至是错误的，如果让其自发地形成，那么最后的企业文化也可能是消极的。所以今天的企业文化创建需要重视引导和规划。同样，该公司能不能形成它特有的企业文化，它的企业文化是积极向上的还是消极的都决定在企业主手里。如果企业主能下决心、能有坚持的恒心，那么该公司企业文化创建之路也就会越走越顺。

b 对胜任能力的重视

对胜任能力的重视，提高问题处理能力对该公司目前的状况来说，显得尤其重要。公司目前在生产过程中出现的问题应该并不是特别的多，但是往往这些问题的出现却是重复性的。那么提高问题处理能力主要是在两个方面加强工作，一是提高问题的分析和判断能力；二是提高处理问题的执行能力。建立一套标准的问题处理业务流程。在员工的认识层次都表现出了积极的工作态度，认为做事情一定要认真，尽自己能力做好事情。对一线员工没有涉及工作原则问题。一般行政人员和管理层人员都相应有自己的工作原则，比如问心无愧、对事不对人、齐心协力等。员工对责任心理解单一。员工认为用心就是责任心，用心做好事情是应该的，但没有其他更多的理解。员工对企业管理的想法与建议。一线员工认为，目前公司虽然有企业管理大纲，也有专职人员管理，可是在管理上还是做得很不好。一是管理制度本身还有很多地方不合理；二是制度执行不力，对一些人执行而对另一些人又不执行，不公平，心里难服；三是制度里虽然有规定有奖也有罚，可是他们就知道有罚过钱，却没听说有谁得到过奖励；四是押金问题是他们最为担心的问题；五是他们对管理层的管理能力与方法不认同。一般行政人员认为，以前的管理工作是没有做好，不过希望以后能改进。他们除了与一线员工的认识相同以外还认为企业与员工的聘用合同不够规范。认为在假期方面应该更规范一些，一些法定节假日的保障，加班工资的体现，带薪假期与不带薪假期的明确化等。管理人员认为企业管理大纲的修改是重中之重，需要在制度上更客观和细化。同时认为管理过程中执行不力有一定的客观原因，比如员工对大纲的理解问题，管理人员的个人能力问题，部门与部门之间的协调问题等。

c　治理层的参与度

权力过于集中，导致基层人员的依赖性加强：由于公司创业初期对业务控制的需要，将财务、采购、生产、人力资源、客户维护等都归到总经理名下，致使总经理日常管理负担过重，事必躬亲，同时更会遏制企业中层领导干部的产生与发挥，造成管理体系内部横向沟通的困难，甚至会发生多头管事或无人做主的现象，不利于各部门主动、积极地开展沟通、协调工作。具体工作人员往往不知所措，工作的依赖性加强，从而工作也就缺乏了主动性。当然，现在该公司已经在这一方面意识到一些问题，也逐渐走向了开放性的管理，敢于把一些职权下放，这是一个很不错的现象，那么今后我们在这一块上做好一个系统性的规划，在过渡的过程中应该不会存在很大的问题。

d　管理层的理念和经营风格

(1) 规范化管理意识与现代管理观念尚待提高。在公司刚成立的一段时间里，公司生产只注重产量的多少来评估业绩，与竞争对手进行成本与价格恶性比拼，但这种状态并没有帮助该公司赢得必要的利润与市场，此后公司意识到了缺陷，开始注重起产品质量，还请了一些专家进行研究检测。自此，该公司的发展步入了稳健经营的运行轨道，客户的认可度与公司利润连年稳步提升。近两年以来，限于内部管理、产能与企业规模，该公司的增长幅度受到了很大的制约。公司为了实现其战略设想，开始进行了内部管理规范化的推行，健全了部分基础管理工作，以期能够为该公司的扩大化再生产打下坚实的基础。

(2) 缺乏长期、中期、短期企业规划与目标。在该公司的组织机构设置中虽设置了行政部，但目前工作的重点仍是基础管理工作的建立与健全，在日常工作中缺少系统的企业战略和战术的研究与规划，市场调查与信息分析。对企业的整体、中长期和全局工作没有过多思考。企业宣传、品牌建设等应具备的功能因无法实现内部专业化规整、设计和统一执行，各层面工作也就无从谈起长期、中期、短期规划的配合，在具体行为中也就缺少科学、前瞻和主动的行动纲领与步骤。生产部虽然每天都有编制第二天的生产工作计划，但还大多停留在生产指标等较为简单的初始阶段——虽然我们也承认市场“计划没有变化快”，但也绝不应该形成“逢山开路，遇水搭桥”的被动局面。

(3) 经验型管理极其宝贵，但必须有突破。从艰苦创业的经历走过来的该公司，通过自己的智慧与勤奋造就了东升的今天，酸甜苦辣尽在其中。最为重要的一点是：通过多年的摸爬滚打，从无到有积累了大量的经验、教训和实效的管理方法与管理手段，这是该公司最为宝贵的“传家宝”和再创辉煌的基石。但是，经验型管理也容易导致企业领导者及员工凡事都凭经验办事，缺乏创新思维的方法和创新动力。尤其是随着市场经济的持续发展，企业规模不断发展壮大，客户需求及生产和市场竞争环境发生巨变，在管理方面单凭经验已经不可能促进企业业绩再次发生重大提升。只有解放思想，创新思维，建立科学规范的现代化管理方法，才能适应公司发展的要求。

(4) 企业对待员工犯错误的态度。从企业行为中体现出企业并不赞成员工犯错误，就像规章制度中的一些具体规定一样，企业对员工错误的处罚程度在一定程度上局限了员工的创造性以及员工的做事态度，认为多做事会多错事，有一种心理压力。

(5) 工作过程中的错误处理。一般出现错误由出错人上报主管，处理不了的逐级上报由上级部门处理。

(6) 企业对员工的关心程度。企业主对员工的关心还是比较到位，但管理层人员对一线员工的关心度不够。企业为员工补助早餐、夜宵等让员工感觉还满意。相反，有员工在宿舍里丢失手机找管理人员求助，管理人员并没有把这件事情解决好。另外管理人员在工作过程中对一线员工以命令为多，沟通为少。

e 管理结构

管理结构最根本的职能要求——系统性和高效性较为欠缺。现在运行的这种模式，极大程度上削弱了组织的发展。总经理负责企业内部各方面的事务，但不应该介入到具体工作。该公司有着自己的具体情况，比如客户的维护工作一直是总经理自己来负责具体工作。那么作为目前的现状来说该公司会认为这种模式是比较实际和有效的，但如果企业再进一步发展，那么这一块问题必将会暴露无遗。因为根据目前的总经理职责，管理跨度大是一个方面，更为主要的是介入到具体工作过深。因此往往会造成“救急”为主，总经理俨然成了“救火队员”，从而使管理的系统性不强。再者，个人精力总归有限，很有可能会导致该管的没管，该管细的没管细，不该管细的却管得很细，组织运行不畅，内部信息传递不够全面，同时总经理自己时间管理没办法有效地落实，造成了几乎所有的工作时间都是围着客户转，处于非常被动的局面。更为可怕的是这种现状会造成基层领导容易养成遇事“三请示两汇报”的习惯，使组织运行缺乏弹性，造成“一切由领导拿事”，同时也会出现一些事情无人负责、无人管理的现象。

f 职责权限划分

职能与职责定位不清，重要岗位的职责不清晰。

（1）总经理岗位职责：负责主持制定、修改财务、采购、营销系统工作程序和规章制度；负责制定全公司系统工作人员的绩效考核标准等。这都是一些非常具体的工作，那么可以认为，如果一个公司总经理都是负责这些工作的话，那各个部门经理都可以回家了。还有，公司的一些战略层面上的问题又该由谁来做呢？

（2）行政经理岗位职责：在行政经理岗位职责中都是涉及一些基础管理的内容，而且给人的感觉更大程度上是行政部门的一个经理，而不是整个企业的行政经理。

（3）会计岗位职责：一个企业，财务部可以说是一个核心，因为它涉及的是企业的各项数据。作为一个公司财务部门，其工作不仅仅是管理好公司的现金、账务、票据，更重要的是要能随时并准确地提供各项数据，为企业战略及风险规避等作依据。

部门职能设置不完善：没有按照系统管理的思想，进行管理组织规划；没有进行部门职能的规划，并对职能进行说明。

职能设置与具体操作不统一：比如质检部在具体操作中定位不明，不单单是一线员工搞不明白质检部是处在一个什么样的位置上，就连车间主任都没明白。财务部是一个比较专业的部门，也就是说不是谁都能管理这样一个部门的，如果自身不具备相关的财务知识，往往会出现行政命令的错误，因此在实际工作中把财务部归属行政部管理实为不妥。

g 人力资源

由于人力资源管理基本概念和操作技术两方面的缺乏，该公司在人力资源管理方面主要存在着以下几个方面的问题：

(1) 人力资源的管理缺乏以企业的发展战略为指导的意识与原则。

(2) 有对人才需求的想法，但缺乏清晰的人才标准概念。

(3) 不能进行全面的人力资源需求分析，是造成该公司相关岗位稀缺的原因之一。

(4) 人力资源输入渠道单一，导致供求矛盾突出。

(5) 中、基层管理人员职业技能状况不理想。

(6) 人员招募管理有待进一步完善。

(7) 员工考选的制度仍欠规范化。

(8)“开发与培训”薄弱，忽略培养与建立企业员工共同的职业理念。

(9)“绩效评价”执行不力，薪资结构不合理，导致绩效考核无力执行，薪资结构没有具体细分，虽然在规章制度中有说明薪资结构的组成部分，但没具体落实，因此面对这种现状，无法执行绩效考核也并不意外，缺乏系统有效的绩效评介操作。

(10)“报酬研究”不均衡。这个问题是实际支配干部和员工工作积极性的根本问题之一。

(11)“内部人员关系”有待梳理。

(12) 对干部和员工缺乏有效的激励机制。

(13) 未开展“人力资源研究”。

(14) 对问题的认识集中于短期危机。

B 风险评估过程

组织必须理解并处理其所面临的风险，它们必须确定结合关键行为的目标以使整个组织正确地运营。相关项目见表4-5。

表 4-5 与风险评估过程相关的控制评分表

序号	描述与风险评估过程相关的控制	执行得分	设计分
1	企业是否建立并沟通企业的整体目标，并是否有具体策略和业务流程层面的计划	13	15
2	企业是否建立起了风险评估过程，包括识别风险，估计风险的重大性，评估风险发生的可能性及确定需要采取的应对措施	18	20
3	企业是否建立起某种机制，识别和应对可能对企业产生重大且影响广泛的变化	14	15
4	会计部门是否建立起某种流程，识别会计准则的重大变化	14	15
5	当企业业务操作流程发生变化并影响交易记录流程时，是否存在沟通渠道以通知会计部门	14	15
6	风险管理部门是否建立了某种流程，以识别经营环境（包括监管环境）发生的重大变化	9	20
总　分		82	100

必须建立鉴别、分析与管理相关风险的机制，在这方面公司在引用新员工的时候往往注意工资的多少来判断，当然这是领导者不容忽视的问题。但是同时还应该考虑新员工能否给公司带来预期的收益，员工的个人素质等。公司在高速增长的市场环境下，虽然引进了不少新技术，也不忘新产品的研究，但由于固有的管理理念，让他们始终脱离不了传统的经验主义行为。由于该企业在该地区来说是名列前茅的，在这竞争的时代没有较大地意识到风险的强烈性。

C　信息系统与沟通

必须建立并运行控制政策与程序以确保达到组织目标的活动在有效的运行。公司信息一般通过公司会议、厂区公告栏传达，员工与员工、员工与企业之间的沟通渠道单一，员工与员工之间的沟通不多，因为上班较累，一下班就基本各管各的，有时会聊聊天但很少，另外规章制度里规定不许员工私下议论公司的事。员工与公司之间基本上是会议传达。员工有什么事情都是逐级上报，当然也有管理层人员主动找员工了解一些情况，不过很少。部门之间缺乏沟通与协调机制：沟通与协调机制是否健全，不仅对于整个工作效率的高低影响很大，而且关系到管理执行的效果。遗憾的是，无论是在公司的管理规章制度中，还是在管理工作的实际开展过程中，都很少能看到明确的、合理的、规范的部门间的沟通与协调机制。一个员工能在私底下讨论公司的事，至少说明这个员工对公司的事是关注的。与信息系统与沟通相关的控制评分表见表4-6。

表4-6 与信息系统与沟通相关的控制评分表

序号	描述与信息系统与沟通相关的控制	得 分	设计分
1	信息系统是否提供企业业绩报告	8	8
2	提供信息是否充分及时、具体	6	8
3	信息系统开发变更是否与企业业务流程相适应	6	10
4	管理层是否对信息系统进行充分的开发	7	8
5	管理层是否充分监督程序开发、变更和测试工作	7	8
6	数据中心是否建立数据恢复系统	7	8
7	管理层对员工职责和控制责任是否建立了沟通渠道	8	10
8	对可疑的不恰当事项和行为建立了沟通渠道	7	8
9	内部沟通能否有效执行	2	8
10	对外部的沟通，管理层是否采取相关的行动	7	8
11	企业是否受到某些监管单位的约束	8	8
12	外部人士是否了解企业的行为守则	7	8
总 分		80	100

部门之间的工作重复性过高，且部门间的沟通和联系通道与方法不统一，缺乏彼此间的协调。举个例子，如生产部与质检部的问题。质检部抽检产品发现产品质量问题时，有时会找车间主任反映而有时又会直接找到生产员工，最后出现了生产员工不知道应该按谁的标准来生产。其次是因为面对的客户不同导致了生产标准的不同，但是该公司没有统一的生产标准，而仅仅凭生产经理、车间主任或质检人员的个人经验来决定生产标准。这个问题的存在有着它的客观性，但目前重要的是需要一个统一的生产标准交由生产线来生产，标准不统一，结果导致一些人认为这个产品是合格的，而另一些人又认为这个产品是不合格的，等出现了意见不统一再来统一标准，等于前面很多工作都是白做。在本部门的会议欢不欢迎其他部门人员参加方面，由于各部门的会议都比较简陋，传达上级指令等事从没想到邀请部门之外的人员参加。

围绕着这些行为活动的正是信息与沟通系统。这些使得组织成员取得与交换生产管理与控制其运营的必要信息。

D 控制活动

与对控制活动相关的控制评分表见表4-7。

表4-7 与对控制活动相关的控制评分表

序号	描述与对控制活动相关的控制	执行得分	设计分
1	了解与授权有关的控制活动	15	20
2	了解与业绩评价有关的控制活动，包括实际与预算、财务与经营数据、内部数据与外部来源信息	5	20
3	了解与信息处理有关的控制活动，如信息系统软件的开发、应用、控制和维护	17	20
4	了解实物控制，包括资产的记录与盘点	18	20
5	了解职责分离，避免职工在履行多项职责时可能发生的舞弊	17	20
总 分		72	100

a 授权

(1) 人性化管理没有很好体现：《员工守则》作为企业员工的行为准则，它的出台是给予员工的一个行业参照，需要落实到具体的行为中，而事实上该公司虽然有着《员工守则》并在每位员工一进入公司就给予解读，可实际效果并不理想。

(2) 员工永远处在被动的位置：根据《员工守则》条款，员工始终处于被动的弱势位置。员工认为就算自己对这些规定有什么不满意也不可能有商量的余地，因此对《员工守则》的行为规范并没有放在心上。员工没有了参与性，那么自然对企业的认同感也就削弱了。

b 奖罚不均衡

在《员工守则》中都能够找到员工行为规范中的奖与罚，但在实际执行过程中却体现出它的不对等。也就是员工经常说的："我们只见到被处罚过，却从来都没听说过谁有受到过企业的奖励。"事实上，在我们的调研中发现，企业也有过对员工实施奖励的行为，但是员工为什么不知道呢？因为员工在潜意识中认为奖罚的不对等，在自己没有听说过有谁受到奖励的情况下就认为企业里没有奖励的行为。其次，企业并没有积极去倡导一些可以受到奖励的行为。再者，因为奖励制度的不明确、不细化，致使员工不知道自己应该怎么做才能受到奖励，因此在行为中只是一味地避免被处罚，而不会去考虑受奖励这个方面。此外，绩效考核形同虚设。《员工守则》中虽然有规定绩效考核的内容，可是因为目前该公司的员工薪资结构的不合理，导致了这一块工作没法开展，却又没有向员工作出有效的说明，从而让员工认为企业管理只是在唱高调，同时对管理层形成了怀疑，这对今后管理工作的开展都是非常的不利的。

c 信息管理

统计与分析工作存在以下不足：

(1) 统计工作仅停留在生产和财务上。该公司是一个加工型服务企业，从目前的情况来看，企业会认为只要做好了财务与生产方面的统计工作就足够了。但我们认为，仅仅做了这方面的统计工作是远远不够的，就这些统计数据而言，它不足以支持该公司战略规划的科学性。

(2) 工作仅停留在对数据的统计上，而更深层次的分析没有，从而也就无法提供有力的数据分析。虽然公司有产品质量分析报告会，但是会议的效果并不是很理想，往往出现同一个问题需要开很多次会议，而每次会议后没有做好执行，而下一次会议又在讨论同一个问题。

d 实物控制

从物流方面来看：(1) 此程序操作手续复杂，环节过多，每个环节所体现出的作用并不明显。在采购申请单的审批过程中行政部所起的作用是什么？(2) 在总务采购中对供方能力评价的标准是什么？是不是需要部门经理、行政经理、财务经理、总经理全部投入到这个能力测评中来？(3) 采购申请由使用部门或个人提出是不是合理？那么仓库在这个过程中起到什么作用？仓库的库存从什么地方反映出来？采购物品的流向又从什么地方反映出来？监督部门从哪里介入？(4) 采购物品浪费现象怎么来杜绝？从公司执行中体现出来对采购物品的审核比较严格，但是对采购物品的管理怎么来做？比如手套的领用，随意性过大，造成浪费的现象严重。

E 对控制的监督

整个过程都必须在必要的监督与调控之下。因此，系统能动态地对改变的环境产生反应。与对控制的监督相关的控制评分表见表4-8。

表4-8 与对控制的监督相关的控制评分表

序号	描述与对控制的监督相关的控制	执行得分	设计分
1	企业是否定期评价内部控制	13	15
2	企业人员在履行正常职责时，能够在多大程度上获得内部控制是否有效运行的证据	11	15
3	与外部的沟通能够在多大程度上证实内部产生的信息或者指出存在的问题	12	15
4	管理层是否会采纳内部会计师及相关的内部控制的建议	12	15
5	管理层及时纠正控制运行偏差情况的方法	2	10
6	管理层处理监管机构的报告及建议的方法	13	15
7	是否存在协助管理层监督内部控制的职能部门	12	15
总分		75	100

a 管理控制

(1) 预算方面：预算与企业计划是不可分割的一个整体。预算的整体概念就是认为企业的所有管理功能，如规划、组织、人事、领导、控制及业务功能如销售、生产、财务、采购、人事等，都要密切地配合，才能达到有效管理。企业领导透过对企业内外各项有关变数的调节和控制，可以适当把握企业本身的长期命运。预算不是脱离一般管理方法而独立存在，而是将许多管理方法作适当的结合和恰当的运用。在这方面公司领导人根据自我经验方法决策预算，根本不能完全、完美地解决好现实条件下的公司内部控制相关问题。

(2) 报告方面：公司按照财政部发布的《企业内部控制基本规范》的要求及监管部门的相关内部控制规定，进一步完善了公司法人治理结构，且从公司实际需要出发，设立了符合公司业务规模和经营管理需要的组织机构；公司遵循不相容职务相分离的原则，关联交易决策，财务管理以及分、子公司管理，人力资源管理，行政管理等各个方面，以监督、控制和指导公司生产经营活动。各项制度在公司实际运作中能够得到较好的贯彻执行，公司各项业务的开展都能在各自权限范围内按规定的程序进行，各项决策没有出现超越权限的行为，基本能够保证企业经营管理合法合规、资产安全、财务报告及相关信息真实完整。根据调查依据认为在这一点上公司基本符合新的制度规定，而且应该这样做。

b 内部审计

公司管理层没有适期对编制银行存款余额调节表进行复核；内部注册会计师评价销售人员遵从了公司关于销售合同的条款政策；法律部门定期监控公司的道德规范和商务行为准则得以遵循，但管理层对会计系统及控制程序的监督没有固定的模式及相关制度约束。

4.2.4.3 结果汇总

内部控制百分制评价评分结果汇总表见表4-9。

表4-9 内部控制百分制评价评分结果汇总表

序号	控制要素	要素内容（略）	设计分	实际得分	折合总分
1	控制环境		25	79	19.75
2	风险评估		10	82	8.2
3	控制活动		40	72	28.8
4	信息与沟通		15	80	12
5	监控		10	75	7.5
合计			100		76.25

结论：评价总分76.25分，在75~89分之间，且各次级要素得分均不低于设计得分60%以上，故总评为良好。

具体缺陷认定及评估报告在本书后面将进行专门阐述。

4.2.4.4 三级指标评分举例

对企业文化现状进行分析评分一般采用企业文化现状评分明细表，该铝业有限公司的企业文化现状评分明细表具体见表4-10。

表4-10 企业文化现状评分明细表

序号	描述企业文化要素	评价标准	总分	打分	原因分析
1	企业文化的地位与作用	企业文化建设是否列入企业发展战略，企业文化由谁主抓	12	12	已列入企业发展战略，董事长主抓

续表 4-10

序号	描述企业文化要素	评价标准	总分	打分	原因分析
2	企业价值观	企业对利润、股东权益、社会责任、尊重员工、员工参与度、产品服务质量等的关注程度	12	11	社会责任主要是环保责任履行有欠缺
3	员工行为规范	制度建设情况、职业道德建设、遵纪守法、礼仪、作风态度、团队精神	12	12	成文的规定和传统、习惯、礼仪时尚等不成文的行为规范均佳
4	企业环境	与政府、社区、股东、经销商的关系；品牌美誉度；环境制约；核心竞争力的稳定性和长远性	7	7	企业文化的环境适应性较强
5	企业形象	1. 理念识别系统：价值观认同程度、企业哲学提炼水平、经营宗旨的正确度与前瞻性等。 2. 团体行为识别系统：组织机构健全与完善、运行有序、对员工的尊重与教育，礼仪规范等。 3. 视觉识别系统：企业名称的合法性、规范性、易记易识别程度，企业标识、商标的设计与识别效果等	15	13	企业形象的表现形式有产品形象、服务形象、员工形象和企业环境形象等。视觉识别系统不够多样、细致、醒目
6	企业文化传播	1. 正式传播网络：企业报、刊等。 2. 非正式传播网络及团体：各类集会活动，小道消息传播渠道等。 3. 公共关系传播效果，企业品牌及产品的宣传	10	9	非正式传播网络长期出现杂音
7	人力资源评估	1. 人力资源的综合素质：学历比重、学习氛围、企业英雄与模范。 2. 人力资源配置状况：人才结构、人尽其才。 3. 人才环境：政策、培训、激励	10	9	创新型人才稍显欠缺
8	无形资产状况	企业商标、专利、专有技术、著作权、荣誉权、商誉、品牌	6	6	企业文化氛围佳

续表 4-10

序号	描述企业文化要素	评价标准	总分	打分	原因分析
9	企业文化氛围	1. 企业组织生活：民主生活会、庆祝活动等。 2. 娱乐设施：俱乐部、文化馆；体育、公益设施及利用状况等。 3. 社会福利、公益性活动参与程度：义务献血、植树等	10	9.5	环保意识稍显欠缺
10	企业社区文化	企业社区环境绿化、美化；管理规范有序；社区娱乐活动	3	3	
11	企业家庭与生活文化	倡导尊老爱幼、和睦互助、相互谦让的风尚；奖励措施，如配备文化、学习用具等；与社区文化相结合的家庭活动，如家庭才艺展示等	3	3	企业家庭文化富有浓重的中国特色
合计			100	93.5	

注：93.5 分与企业文化现状在二级指标控制环境中的权数 30% 之积为 28.05 分，取 28 分，再汇总到表 4-4 的有关项目中去。

对企业全面预算管理进行评分一般采用全面预算管理评分明细表，该铝业有限公司的企业全面预算管理评分明细表具体见表 4-11。

表 4-11 企业全面预算管理评分明细表

序号	描述企业全面预算要素	评价标准	设计分	打分	备注
1	组织科学，完善授权管理体系	严谨的授权管理体系使管理部门责、权、利统一；董事会、预算管理委员会、公司归口管理部门、部门与班组四级预算管理机构	10	0	预算管理委员会形同虚设
2	注重沟通，确定先进合理的预算目标	目标自上而下下达，预算编制自下而上体现目标的具体落实，达到全员参与；确定标杆，指标要先进合理	30	6	目标基本自上而下

续表 4-11

序号	描述企业全面预算要素	评价标准	设计分	打分	备注
3	过程控制，预算执行与调整、控制	调整的条件与程序是执行中刚性的主要要素；控制要分日常和例外，要重视异常变动	15	3	调整条件不明确，对外部因素变化调整程序和审批层级含糊
4	完善的分析制度	定期的分析制度；发现差距、揭示存在的问题及其原因，并提出有效的改进措施	15	2	分析走过场
5	绩效评价，完善激励与约束机制	经营者年薪和员工工资总额挂钩；刚性执行预算	20	2	存在严重平均主义
6	管理工具与手段	是否使用平衡记分卡等	5	4	手段尚可
7	与企业战略目标的关联度	企业战略目标是否纳入指标	5	3	部分纳入
		总 分	100	20	

注：20 分与全面预算管理在控制活动二级指标"了解与业绩评价有关的控制活动，包括实际与预算、财务与经营数据、内部数据与外部来源信息；"的权数 20% 之积为 4 分，再乘以 50% 取 2 分，再汇总到表 4-7 的有关项目中去 。

对企业全面预算目标及编制进行评价可应用企业全面预算目标及编制评分明细表，该铝业有限公司的企业全面预算目标及编制评分明细表详见表 4-12。

表 4-12 企业全面预算目标及编制评分明细表

序号	描述企业预算目标及编制的要素	评价标准	设计分	打分	备注
1	企业预算目标确认程序	是否以历史的财务资料为基础；目标是否由相关人员反复酝酿；是否以可行的方式先自上而下下达，再自下而上，"七上八下"，达到全员参与	15	2	基本以行政命令下达

续表4-12

序号	描述企业预算目标及编制的要素	评价标准	设计分	打分	备注
2	企业预算目标指标体系	指标体系中各指标的权重是否合理，即是否描述不同利益主体之间博弈的合理状况；指标体系中是否有非财务指标；指标体系中是否有战略指标；指标体系中是否有否决指标；指标体系是否与绩效管理等相衔接	30	3	只有财务指标，且多按历史数据乘倍数而成
3	企业全面预算编制内容	营业预算是否包括销售、采购成本、销售成本、存货、营业费用预算；资本支出预算是否运用科学指标对企业购买的设备等非常规业务事项的投资进行预测和估算；财务预算是否包括现金预算和预计的资产负债表	25	7	只有营业预算尚可
4	企业全面预算编制方法	是应用固定预算，还是弹性预算；是否应用滚动预算；是否进行了敏感分析；	20	8	采用了弹性预算，但未进行敏感分析
5	企业全面预算目标及编制的领导	是否真正有预算管理委员会的领导；企业全面预算目标及编制过程是否有异常压力	10	0	
总分			100	20	

注：20分与企业全面预算管理评分明细表中指标“注重沟通，确定先进合理的预算目标”的权数30%之积得6分，记入表4-11第二项中。

第 5 章　企业内部控制评价百分制法评价成果的应用

5.1　企业内部控制评价百分制法评价成果的形式

企业内部控制评价百分制法评价成果的主要表现形式为：评价过程沟通意见、评价小结、内部控制缺陷报告和内部控制评价报告。

5.1.1　评价过程沟通意见

内部控制评价百分制法的评价过程沟通意见是指评价工作组或评价机构相关人员与治理层、管理层及相关岗位人员在设计调查、现场测试、工作底稿分析汇总过程中沟通意见而形成的会议记录、谈话记录等书面资料中记载的意见、建议等。

评价过程沟通意见具有零碎性、具体性的特点。在评价过程中，沟通意见往往能及时纠正被评价企业内部控制中某些零碎性、具体性的一般缺陷，同时为发现和评价重大缺陷、重要缺陷打好基础。评价过程沟通意见多为阶段性意见，也多为非财务报告内部控制缺陷。

评价过程沟通意见因为是互动信息，涉及人员多，且可能触动高级管理层甚至治理层，因而评价过程沟通意见是宣传内部控制的重要平台。内部控制评价百分制法的评价过程沟通意见因为设计的权重按人们熟悉的百分制而易被理解和接受。评价过程沟通意见常用表格见表 5-1。

表 5-1　评价过程沟通意见表

时 间		参加人员	
地 点		沟通形式	
内部控制主要缺陷：			
建 议：			
相关反馈：			

5.1.2 评价小结

内部控制评价百分制法的评价小结是指评价工作组或评价机构相关人员编写的总结报告。编写评价小结的目的是对已包含于工作底稿的信息进行小结，并不是产生一个新的文档。如果编制审计小结出现新的证据，那么应将这些证据列入相关的工作底稿中。

内部控制评价百分制法的评价小结应由评价工作组组长负责编制，在小结中论述的每一个项目应由充分了解该事项的人员编写。评价小结应包含以下内容：评价范围与评价人员评价策略、评价方法与质量控制的实施情况；重要控制事项或关节点；与管理层、治理层沟通情况；内部控制缺陷的分类、认定和汇总；评价意见；结论综述；编制人包括审计小结编制人、复核人和核准人意见等。

5.1.3 内部控制缺陷报告

企业内部控制评价机构应当编制内部控制缺陷认定汇总表，结合日常监督和专项监督发现的内部控制缺陷及其持续改进情况，对内部控制缺陷及其成因、表现形式和影响程度进行综合分析和全面复核，提出认定意见，并以适当的形式向董事会、监事会或者经理层报告。重大缺陷应当由董事会予以最终认定。企业对于认定的重大缺陷，应当及时采取应对策略，切实将风险控制在可承受度之内，并追究有关部门或相关人员的责任。

内部控制缺陷报告应当采取书面形式，可以单独报告，也可以作为内部控制评价报告的一个重要组成部分。一般而言，内部控制的一般缺陷、重要缺陷应定期（至少每年）报告，重大缺陷应立即报告。对于重大缺陷和重要缺陷及整改方案，应向董事会（审计委员会）、监事会或经理层报告并审定。如果出现不适合向经理层报告的情形，例如存在与管理层舞弊相关的内部控制缺陷，或存在管理层凌驾于内部控制之上的情形，应当直接向董事会、监事会报告。对于一般缺陷，可以与企业经理层报告，并视情况考虑是否需要向董事会、监事会报告。

应用百分制法对被评价企业进行内部控制评价时，要以综合考虑各影响因素后的得分情况及其相关分项目的好坏为依据，再对发现的缺陷定性，并采取相应策略。

5.1.4 内部控制评价报告

内部控制评价对外报告一般包括以下内容：董事会声明；内部控制评价工作的总体情况；内部控制评价的依据；内部控制评价的范围；内部控制评价的程序和方法；内部控制缺陷及其认定；内部控制缺陷的整改情况；内部控制有效性的结论。

应用百分制法对被评价企业进行内部控制评价时，要以综合考虑各影响因素后的得分情况及其相关分项目的好坏为依据，按规范的格式撰写内部控制评价报告。企业内部应用百分制法评价内部控制评价报告的格式见附录 C。

5.2 百分制法评价成果在审计中的应用策略

5.2.1 百分制法评价成果在内部控制审计中的应用范围

如前面章节所述，百分制法是根据我国的具体情况提出按照内部控制各要素的重要程度设计出内部控制按要素评分系统，在对企业内部控制进行全面了解后进行评估打分，再根据打分的多少和结构来评价企业内部控制设计的合理性以及执行的一贯性和有效性的一种内部控制量化评价方法。这种方法具有显著的特征，适用于企业对内部控制的评价。

百分制法评价成果在审计的应用主要包括：在审计中对被审计单位的重大错报风险进行评估和内部控制审计。

5.2.2 百分制法评价成果在风险评估中的应用策略

现代审计是风险导向型审计。风险导向型审计是以对审计风险的评价作为一切审计工作的出发点并贯穿于审计全过程的现代审计模式，其根本目标是将审计风险降低至可接受水平；其内在思想是：任何审计业务都必须将审计风险控制在可接受的风险水平内，或者，通过内部控制测试等方法，确定风险最高的环节与部门，以便重点审计。风险导向型审计重视审计战略的选择，既注重降低审计风险，又注重节省审计成本。在选择审计战略时，注重在审计效果和效率之间寻找一个均衡点。该种模式的主要程序是：实施分析性程序。确定重要性标准，初步评价可接受审计风险和固有风险，了解内部控制结构和评价控制风险；依据审计风险模型，确定检查风险水平，制定审计总体计划和具体计划。如果初步评价控制风险水平较低，则实施控制测试，依据控制测试的结果，确定是否扩大交易的实质性测试。如果初步评价控制风险水平较高，则应直接转入交易的实质性测试，评价财务报表的可能性。

审计风险是指审计师对含有重要错误的财务报表表示不恰当审计意见的风险。审计风险有如下模型：

审计风险 = 固有风险 × 控制风险 × 检查风险（或 $AR = IR \times CR \times DR$）

重大错报风险 = 固有风险 × 控制风险（或 $MMR = IR \times CR$）

可见，审计风险由固有风险、控制风险和检查风险三个要素构成。固有风险是指在不考虑被审计企业相关的内部控制政策或程序的情况下，其会计报表上某项认定产生重大错报的可能性。控制风险是指被审计企业内部控制未能及时防止或发现其会计报表上某项错报或漏报的可能性。同固有风险一样，审计人员只能评估其水平而不能影响或降低它的大小。

百分制法评价成果在风险评估中的应用主要是指审计师通过对被审计企业 CR 的评估，确定 MMR，依照预期的 AR，倒算出 DR，即

$$DR = AR/(IR \times CR) = AR/MMR$$

进而确定重要性水平和审计程序。

在4.2.4节的案例中，如果审计师根据职业判断初步确定重庆某铝业公司财务报表年报审计的 AR 为10%，评估 IR 为80%，而使用百分制法打分出来的可能结果见表5-2。

表 5-2 重庆某铝业公司百分制评价评分分布表

序号	控制要素	设计分	方案 1 得分	方案 2 得分	方案 3 得分
1	控制环境	25	19.75	23	12
2	风险评估	10	8.2	9	6
3	控制活动	40	28.8	38	16
4	信息与沟通	15	12	13	7
5	监控	10	7.5	9	5
合 计		100	76.25	92	46

审计师依职业判断把方案 1、方案 2、方案 3 得分 76.25 分、92 分、46 分时的控制风险 $CR1$、$CR2$ 和 $CR3$ 分别评估为 80%、65% 和 98%，则有：

$$DR1 = 10\%/(80\% \times 80\%) = 15.63\%$$

$$DR2 = 10\%/(80\% \times 65\%) = 19.23\%$$

$$DR3 = 10\%/(80\% \times 98\%) = 12.76\%$$

或根据现代审计重要思想之一，即把固有风险和控制风险先合并成重大错报风险再计算 DR，即

$$MMR1 = 80\% \times 80\% = 64\%$$

$$MMR2 = 80\% \times 65\% = 52\%$$

$$MMR3 = 80\% \times 98\% = 78.4\%$$

$$DR1 = AR/MMR1 = 10\%/64\% = 15.63\%$$

同理，可计算 $DR2$ 和 $DR3$，结果同上。

审计师或注册会计师在方案 2 时因为 $DR2$ 最大，所以，一般说来，对应的层面重要性水平可定得最高，这就意味着注册会计师可以执行较少、较简单的审计程序，收集较少的审计证据就可支撑其审计意见，而且审计风险也在注册会计师的预期中。而方案 3 时因为 $DR3$ 最小，一般说来，这就意味着注册会计师必须把对应层面的重要性水平定低，也就是说注册会计师必须执行较多、较复杂的审计程序，收集较多的审计证据才可支撑其审计意见，把审计风险控制在预期中。这就符合了审计师在确保可接受的 AR 基础上，干最少的工作，付出最低成本的“可行的最低成本”原则。

5.2.3 百分制法评价成果在内部控制审计中的应用

5.2.3.1 实施内部控制审计的必要性

内部控制审计是指会计师事务所接受委托，对特定基准日内部控制设计与运行的有效性进行审计。内部控制作为企业的一项重要管理活动，主要试图解决三方面的基本问题，即财务报告及相关信息的可靠性、资产的安全完整以及对法律法规的遵循；与此同时，促进提高经营的效率效果，并促进实现企业的发展战略。安然、世通等一系列公司财务报表舞弊事件发生后，人们认识到健全有效的内部控制对预防此类事件的发生至关重要。各国政府监管机构、企业界和会计职业界对内部控制的重视程度也进一步提升，从注重财务报告本身可靠性转向注重对保证财务报告可靠性机制的建设，也就是通过过程的有效，保证结果的有效。资本市场上的投资者甚至社会公众要求企业披露其与内部控制相关的信息，并要求经过注册会计师审计以增强信息的可靠性。

《企业内部控制基本规范》及配套指引的发布，要求执行企业内控规范体系的企业，必须对本企业内部控制的有效性进行自我评价，披露年度自我评价报告，同时聘请具有证券期货业务资格的会计师事务所对其财务报告内部控制的有效性进行审计，出具审计报告。注册会计师在内部控制审计过程中注意到的企业非财务报告内部控制的重大缺陷，应当提示投资者、债权人和其他利益相关者关注。这意味着，企业内部控制审计业务由原来的一次性业务或面向少数企业的业务，变成了与财务报表审计一样的经常性业务，每年需执行一次。

5.2.3.2 百分制法评价成果在内部控制审计中的应用策略

A 计划审计及计划审计前阶段

（1）用于判断是否整合审计：审计指引第五条规定，注册会计师可以单独进行内部控制审计，也可以将内部控制审计与财务报表审计整合进行即整合审计。

设审计师在了解阶段，在初步了解某企业内部控制并在内部控制五要素第一层次后评分如表5-2的方案1、方案2、方案3的得分76.25分、92分、46分，则审计师可以考虑在方案2时采用整合审计，在方案3时采用单独进行内部控制审计，而在方案1时则可综合判断其他因素决定是否执行整合审计。

在计划整合审计工作时，审计师需要评价下列事项对财务报表和内部控制是否有重要影响以及有重要影响的事项将如何影响审计工作：与企业相关法律法规和行业概况；企业组织结构、经营特点和资本结构等相关重要事项；企业内部控制最近发生变化的程度；与企业沟通过的内部控制缺陷；重要性、风险等与确定内部控制重大缺陷相关的因素；对内部控制有效性的初步判断；可获取的、与内部控制有效性相关的证据的类型和范围等。

（2）制定审计计划的应用策略：按照审计指引第八条规定，在内部控制审计中，注册会计师应当以风险评估为基础，确定重要账户、列报及其相关认定，选择拟测试的控制以及确定针对所选定控制所需收集的证据。

设审计师在了解阶段，在初步了解某企业内部控制并在内部控制五要素第一层次后评分如表5-2的方案1、方案2、方案3的得分76.25分、92分、46分，则如是方案3，说明被审计企业存在的风险领域多，风险高。内部控制的特定领域存在重大缺陷的风险越高，给予该领域的审计关注就越多。内部控制不能防止或发现并纠正由于舞弊导致的错报风险，通常高于其不能防止或发现并纠正由错误导致的错报风险。因而需要制订更加详细及周密的审计计划，执行更多的审计程序，以达到审计目标。注册会计师应当更多地关注高风险领域，即对评分过程中失分多且占相对数比例高的领域应安排更得力的审计人员和更多的审计资源，而没有必要测试那些即使有缺陷，也不可能导致财务报表重大错报的控制。

B 实施审计工作阶段的应用策略

审计指引第十条规定，注册会计师应当按照自上而下的方法实施审计工作。自上而下的方法是注册会计师识别风险、选择拟测试控制的基本思路。在财务报告内控审计中，自上而下的方法始于财务报表层次，以注册会计师对财务报告内部控制整体风险的了解开始，然后，注册会计师将关注重点放在企业层面的控制上，并将工作逐渐下移至重大账户、列报及相关的认定。这种方法引导注册会计师将注意力放在显示有可能导致财务报表及相关列报发生重大错报的账户、列报及认定上。而应用百分制法则正好可以寻找各层次的测试要点。

设审计师在了解阶段，在初步了解某企业内部控制并在内部控制五要素第一层次后评分如表 5-2 的方案 1、方案 2、方案 3 的得分 76.25 分、92 分、46 分。其中方案 1 的初步评分明细见表 5-3。

表 5-3 内部控制百分制评价评分结果分析表

序号	控制要素	内容(略)	设计分	实际得分	折合总分	占设计得分比例/%	备 注
1	控制环境		25	79	19.75	79	
2	风险评估		10	82	8.2	82	
3	控制活动		40	72	28.8	72	错报重点领域
4	信息与沟通		15	80	12	80	
5	监控		10	75	7.5	75	错报重点领域
合计总分			100		76.25		

注册会计师可对上述错报重点领域进行进一步分析，寻找下一层面的可能存在的错报重点领域，如对表 5-3 中第三项控制活动的明细评分表进行分析，可寻找如表 5-4 所示的错报重点领域。

表 5-4 与对控制活动相关评分分析表

序号	描述与对控制的监督相关的控制	得分	占设计得分比例/%	设计分	备 注
1	了解与授权有关的控制活动	15	75	20	
2	了解与业绩评价有关的控制活动，包括实际与预算、财务与经营数据、内部数据与外部来源信息	5	25	20	错报重点领域
3	了解与信息处理有关的控制活动，如信息系统软件的开发、应用、控制和维护	17	85	20	
4	了解实物控制，包括资产的记录与盘点	18	90	20	

续表 5-4

序号	描述与对控制的监督相关的控制	得分	占设计得分比例/%	设计分	备注
5	了解职责分离避免职工在履行多项职责可能发生舞弊	17	85	20	
总分		72		100	

自上而下的方法按照下列思路展开：从财务报表层次初步了解内部控制整体风险；识别企业层面控制；识别重要账户、列报及其相关认定；了解错报的可能来源；选择拟测试的控制。

C 评价控制缺陷阶段的应用策略

内部控制评价百分制法在设计阶段就按重要性来设计评分权重，评分人在综合分析基础上，认定扣分最多且占相对数最大者即为控制缺陷，审计师再分析控制缺陷的程度，可按严重程度分为重大缺陷、重要缺陷和一般缺陷。

设审计师在实施审计工作阶段，在初步了解某企业内部控制并在内部控制五要素第一层次后评分如表 5-2 的方案得分 76. 25 分。其第二层次评分明细汇总表见表 5-5 ~ 表 5-9。

表 5-5 与控制环境相关的控制缺陷分析表

序号	描述与控制环境相关的控制	评分标准(部分略)	打分	设计分	占设计得分的比例/%	备注
1	企业文化现状		28	30	93. 33	
2	对能力胜任的控制		8	10	80	
3	社会责任		9	10	90	
4	管理层理念和经营风格		9	10	90	
5	管理结构	管理结构欠缺，企业过于集权造成下层人员的依赖	8	20	40	重大缺陷、重要缺陷的重点领域
6	发展战略		9	10	90	
7	人力资源		8	10	80	
总分			79	100		

表 5-6 与风险评估过程相关的控制缺陷分析表

序号	描述与风险评估过程相关的控制	执行得分	设计分	占设计得分的比例/%	备 注
1	企业是否建立并沟通企业的整体目标，并是否有具体策略和业务流程层面的计划	13	15	86.67	
2	企业是否建立起了风险评估过程，包括识别风险等	18	20	90	
3	企业是否建立起某种机制，识别和应对可能对企业产生重大且影响广泛的变化	14	15	93.33	
4	会计部门是否建立起某种流程，识别会计准则的重大变化	14	15	93.33	
5	当企业业务操作流程发生变化并影响交易记录流程时，是否存在沟通渠道以通知会计部门	14	15	93.33	
6	风险管理部门是否建立了某种流程，以识别经营环境（包括监管环境）发生的重大变化	9	20	45	重大缺陷、重要缺陷的重点领域
总 分		82	100		

表 5-7 与信息系统与沟通相关的控制缺陷分析表

序号	描述与信息系统与沟通相关的控制	得分	设计分	占设计得分的比例/%	备 注
1	信息系统是否提供企业业绩报告	8	8	100	
2	提供信息是否充分及时、具体	7	8	87.5	
3	信息系统开发变更是否与企业业务流程相适应	6	10	60	
4	管理层是否对信息系统进行充分的开发	7	8	87.5	
5	管理层是否充分监督程序开发、变更和测试工作	7	8	87.5	
6	数据中心是否建立数据恢复系统	7	8	87.5	
7	管理层对员工职责和控制责任是否建立了沟通渠道	8	10	80	
8	对可疑的不恰当事项和行为建立了沟通渠道	7	8	87.5	
9	内部沟通能否有效执行	2	8	25	重大缺陷、重要缺陷重点领域

续表 5-7

序号	描述与信息系统与沟通相关的控制	得分	设计分	占设计得分的比例/%	备 注
10	对外部的沟通，管理层是否采取相关的行动	7	8	87.5	
11	企业是否受到某些监管单位的约束	8	8	100	
12	外部人士是否了解企业的行为守则	7	8	87.5	
	总 分	80	100		

表 5-8 与对控制活动相关的控制缺陷分析表

序号	描述与对控制活动相关的控制	得分	设计分	占设计得分的比例/%	备 注
1	了解与授权有关的控制活动	15	20	75	
2	了解与业绩评价有关的控制活动，包括实际与预算、财务与经营数据、内部数据与外部来源信息	5	20	25	重大缺陷、重要缺陷的重点领域
3	了解与信息处理有关的控制活动，如信息系统软件的开发、应用、控制和维护	17	20	85	
4	了解实物控制，包括资产的记录与盘点	18	20	90	
5	了解职责分离避免职工在履行多项职责可能发生舞弊	17	20	85	
	总 分	72	100		

表 5-9 与对控制的监督相关的控制缺陷分析表

序号	描述与对控制的监督相关的控制	得分	设计分	占设计得分的比例/%	备 注
1	企业是否定期评价内部控制	13	15	86.67	
2	企业人员在履行正常职责时，能够在多大程度上获得内部控制是否有效运行的证据	11	15	73.33	
3	与外部的沟通能够在多大程度上证实内部产生的信息或者指出存在的问题	12	15	80	
4	管理层是否会采纳内部会计师及相关的内部控制的建议	12	15	80	

续表 5-9

序号	描述与对控制的监督相关的控制	得分	设计分	占设计得分的比例/%	备 注
5	管理层及时纠正控制运行偏差情况的方法	2	10	20	重大缺陷、重要缺陷的重点领域
6	管理层处理监管机构的报告及建议的方法	13	15	86.67	
7	是否存在协助管理层监督内部控制的职能部门	12	15	80	
总 分		75	100		

D 完成审计工作及出具审计报告的应用策略

a 完成审计工作阶段

注册会计师需要评价从各种来源获取的证据，包括对控制的测试结果、财务报表审计中发现的错报以及已识别的所有控制缺陷，以形成对内部控制有效性的意见。在评价证据时，注册会计师需要查阅本年度与内部控制相关的内部审计报告或类似报告，并评价这些报告中提到的控制缺陷。

注册会计师需要与企业沟通审计过程中识别的所有控制缺陷。对于其中的重大缺陷和重要缺陷，需要以书面形式与董事会和经理层沟通。《中国注册会计师审计准则第 1152 号——向治理层和管理层通报内部控制缺陷》要求注册会计师以书面形式及时向治理层通报审计过程中识别出的值得关注的内部控制缺陷。其中，值得关注的内部控制缺陷包括重大缺陷和重要缺陷。对于重大缺陷，注册会计师需要以书面形式与企业的董事会及其审计委员会进行沟通。如果认为审计委员会和内部审计机构对内部控制的监督无效，注册会计师需要就此以书面形式直接与董事会和经理层沟通。对于重要缺陷，注册会计师需要以书面形式与审计委员会沟通。虽然并不要求注册会计师执行足以识别所有控制缺陷的程序，但是，注册会计师需要沟通其注意到的内部控制的所有缺陷。如果发现企业存在或可能存在舞弊或违反法规行为，注册会计师需要按照相关规定，确定并履行自身的责任。

b 出具审计报告阶段

标准内部控制审计报告中非财务报告内部控制重大缺陷描述段。对于审计过程中注意到的非财务报告内部控制缺陷，如果发现某项或某些控制对企业发展战略、法规遵循、经营的效率效果等控制目标的实现有重大不利影响，确定该项非财务报告内部控制缺陷为重大缺陷的，应当以书面形式与企业董事会和经理层沟通，提醒企业加以改进；同时在内部控制审计报告中增加非财务报告内部控制重大缺陷描述段，对重大缺陷的性质及其对实现相关控制目标的影响程度进行披露，提示内部控制审计报告使用者注意相关风险，但无须对其发表审计意见。

非标准内部控制审计报告具体包括如下几种：

（1）带强调事项段的非标准内部控制审计报告。审计师认为内部控制虽不存在重大缺陷，但仍有一项或者多项重大事项需要提请内部控制审计报告使用人注意的，需要在内部控制审计报告中增加强调事项段予以说明。审计师需要在强调事项段中指明，该段内容仅用于提醒内部控制审计报告使用者关注，并不影响对财务报告内部控制发表的审计意见。

（2）否定意见的内部控制审计报告。审计师认为财务报告内部控制存在一项或多项重大缺陷的，除非审计范围受到限制，需要对财务报告内部控制发表否定意见。审计师出具否定意见的内部控制审计报告，还需要包括重大缺陷的定义、重大缺陷的性质及其对财务报告内部控制的影响程度等。

（3）无法表示意见的内部控制审计报告。审计师只有实施了必要的审计程序，才能对内部控制的有效性发表意见。审计师审计范围受到限制的，需要解除业务约定或出具无法表示意见的内部控制审计报告，并就审计范围受到限制的情况，以书面形式与董事会进行沟通。

（4）期后事项与非标准内部控制审计报告。在企业内部控制自我评价基准日并不存在、但在该基准日之后至审计报告日之前内部控制可能发生变化，或出现其他可能对内部控制产生重要影响的因素，注册会计师需要询问是否存在这类变化或影响因素，并获取企业关于这些情况的书面声明。注册会计师知悉对企业内部控制自我评价基准日内部控制有效性有重大负面影响的期后事项的，需要对财务报告内部控制发表否定意见。注册会计师不能确定期后事项对内部控制有效性的影响程度的，需要出具无法表示意见的内部控制审计报告。在出具内部控制审计报告之后，如果知悉在审计报告日已存在的、可能对审计意见产生影响的情况，注册会计师需要按照《期后事项》的规定办理。

5.3 百分制法评价成果在被评价企业中的应用

企业内部控制评价对外报告及相关成果的使用者包括政府有关监管部门、投资者以及其他利益相关者、中介机构和研究机构等。对内报告的使用者主要是企业董事会（审计委员会)、各层级管理者以及有关监管部门。政府有关监管部门、投资者以及其他利益相关者、中介机构和研究机构等主要是用于判断被评企业的内部控制有效性等信息，进而整体了解被评企业的财务状况、经营状况和现金流量状况。本节重点关注百分制法评价成果的在被评价企业中的应用。

5.3.1 应用时间和范围及涉及的主要人员

百分制法评价成果包括评价过程沟通意见、评价小结、内部控制缺陷报告和内部控制评价报告。百分制法评价成果在被评价企业中的应用时间在广义上讲，涵盖了自上个评价开始日到下个评价开始日，但主要是指本次评价开始日至本期结束日再延伸一段时间（通常为三个月）。

《评价指引》第二十七条规定，应建立内部控制评价工作档案管理制度。百分制法评价成果（含有关文件资料、工作底稿和证明材料等）应当妥善保管，年度报告应永久保存。应用的主要时间是内部控制评价开始日到内部控制评价报告日，如果存在重大缺陷和重要缺陷的，时间上应延伸至这些重大缺陷和重要缺陷的纠正。

百分制法评价成果在被评价企业的使用者主要是企业董事会（审计委员会)、各层级管理者以及有关监管部门。因而除各管理层外，涉及的主要是专业人员如内部审计人员和财会人员。

5.3.2 百分制法评价成果在被评价企业中的应用策略

5.3.2.1 百分制法评价成果的在企业内部审计中的应用策略

内部控制评价的百分制法评价成果包括评价过程沟通意见、评价小结、内部控制缺陷报告和内部控制评价报告等，企业内部审计机构及相关人员在此过程中至少在以下方面可以运用：

（1）充分应用业务部门的参与而提供更加全面的与内部控制有关的信息。与单靠内部审计人员对企业内部控制进行的评价不同，通过内部控制评价，内部审计人员和经营人员合作对经营活动进行评价，能够对经营过程了解得更为彻底，这种合作提高了进行内部控制自我评价可获得信息的数量和质量。同时，内部控制评价的优越性还在于，它能够有效地对管理理念、员工素质等“软控制”进行评价。例如，实施内部控制百分制评价，可以把管理人员和其他员工召集起来讨论职业道德，并对其是否可以成功达到目标进行评估，引导小组的成员就可以了解现存信息沟通过程的成功之处与潜在障碍，并提出相应的改进建议。

（2）管理层参与内部控制百分制法评价能够更有效地解决内部控制存在的问题，有助于提高内部审计执行的效果。管理层的参与，使内部控制自我评价工作得以顺利进行，评价的结果能够更好地反映企业的内部控制真实状况。管理层督促推动内部控制整改措施的执行，也保障了整改措施的执行力度，确保内部控制制度能够有效执行，这就为内部审计工作铺平了道路，提高了内部审计工作的效率和效果。

（3）内部控制百分制法评价将控制责任转化给每一个职员，提升了控制环境，有助于内部审计工作的开展。内部控制百分制法评价可使企业员工广泛地参与到内部控制的设计与评价中来，让他们知道自己在企业内部控制中所处的位置，意识到内部控制是全体成员共同的责任，从而积极地参与到内部控制评价和改进中来，组织的内部控制整体意识得到加强，内部控制环境得以提升。

(4) 跨部门参与的内部控制评价能够为内部审计提供更多的解决方案。内部控制评价通过工作组的形式将不同部门的工作人员聚集起来对一个问题进行沟通讨论，常常比传统的内部审计更容易找到问题并提出解决问题的方法。如果运用得有效，内部控制自我评价作为一种工具可以使企业各层次、各领域的人员协作，对那些难以解决的跨部门问题往往能够找到较好的解决办法。

5.3.2.2 百分制法评价成果在管理层（侧重财会方面）的应用策略

百分制法评价成果在被评价企业中财会机构的应用往往集中体现了企业董事会（审计委员会）、各层级管理者以及有关监管部门的意志，并还应注意与内部控制注册会计师审计报告、内部控制监管信息、财务报告信息等相关信息结合使用，以在全面分析、综合判断的基础上进行运用。

(1) 百分制法评价成果可发现并克服内部控制缺陷。任何企业内部控制的基本目标，都是要保证企业完成自己的任务和达到目的，其实质是由企业拥有或应建立的各种程序或秩序组成的一种制度，其目的是实现企业的目标。内部控制也是保证企业管理按其规定作用得以贯彻执行以及保证合适有用的信息的一种制度。这种制度还能使资源的使用经济有效，而且不违反法纪。但是内部控制本身是不完善的，这不仅仅有制度本身的原因，也因为制度在执行的过程中存在漏洞。这就要求我们进行内部控制评价，找出内部控制的缺陷并有针对性地进行克服。因而可根据企业的目标克服内部控制原有的缺陷，进行优化，这里主要分析特有目标。

1）与自主创新目标进行对照比较，找出内部控制缺陷并对其进行修正：是否真正建立自主创新研发体系，把研发理念、研发规划、研发投入作为重要评价标准，夯实研发基础，打造研发流程，培育研发规模；是否关注新产品开发、新工艺出新和原创机制发展，促进形成以自主创新产品为核心，以吸收外部技术为补充的生产经营运转局面等；是否建立分阶段、分时期评价自主创新实际功效的指标体系。（初始阶段注重自主创新基础建设水平，发展阶段注重自主创新特色水平，持续增长阶段注重自主创新储备水平）。

2）与扩大行业品牌为核心品格评价标准比较，找出内部控制缺陷并对其进行修正：在评价行业文化发展层面是否注重正确的价值导向，企业文化富有生机。在评价行业风格管理层面，是否关注促进行业形成严、细、实的运行风格，使行业发展稳步扎实推进；是否关注促进行业形成科学、创新的发展风格，使企业发展动态推进。在评价行业诚信理念层面，是否关注以诚信为本，塑造行业形象，保持了旺盛的发展生机。

3）与提升综合素质为主线的评价标准比较，找出内部控制缺陷并对其进行修正：在搞好员工思想素质评价方面，是否关注放眼国际国内大局，寻求自身发展定位；是否关注从政治视角培育队伍，提高队伍预测发展的能力；是否关注从增强凝聚力视角，强化对职工思想引导和拉动，使员工在思想上树立以企业为家、以事业为重的思想。在搞好员工业务素质评价方面，是否应关注员工业务培训，打造一流、现代业务素质，增强对工作的驾驭力。在搞好员工敬业素质评价方面，是否应重点关注培育和提升员工的敬业精神，培育务实工作作风，少说多干、埋头苦干、真抓实干，真正用心、用力、用真情做好本职工作等。

（2）百分制法评价成果可引导企业科学发展。目标是推进发展、实现跨越的总纲，是内部控制运行须遵循的方向。因此，内部控制应围绕目标实施操作、依托目标进行管理。通过评价，力戒企业、行业发展目标空泛、抽象，导致内部控制在运行中缺少有针对性的指向，无法锁定内部控制具体目标方位，增强发展目标可操作性。内部控制应当适时跟进这些目标，实施全方位、多视角的内部控制，确保企业、行业持续发展，协调统筹发展。通过评价，确保发展目标的进展性。内部控制就是要分阶段、分环节、分要素跟进目标走势，掌握目标实现程度，使目标管理环环紧扣、层层链接、步步延伸。通过评价，考核评价发展目标成果性。具体工作成果是检验目标成效的根本标准，内部控制就是应始终盯住目标实现的阶段性成果，促进目标实现成果最大化、效果最优化。

（3）百分制法评价成果可有效防范企业风险。科学运用百分制法评价成果可完善企业控制环境，通过内部控制评价，发现控制环境方面存在的缺陷，对症下药，不断完善公司治理结构，科学设置职能机构，合理划分事权级别。从关注预测风险入手，搞好风险种类、风险部位、风险危害、风险走向、风险变化、风险周期、风险等级的评价，促进预测风险早起步、快发展。真正发挥好预测风险的导航作用、预警作用和前沿作用。重点识别财务风险、经营风险、管理风险和决策风险，围绕资金收支推断财务风险存在的部位和程度，锁定财务管理薄弱环节；观察市场起伏变化，判断经营面临挑战和考验的具体方位；探测管理隐患和漏洞，聚焦管理病灶，及时予以整治；预防重大决策失误，真正在识别风险方面发挥内部控制作用。提高排解风险水平，即要运用完善制度手段，切实堵塞制度方面漏洞，从源头上消除风险；运用战略调整手段，在宏观层面把握方向，防止在重大发展方向运行中出现偏颇，从调控上消除风险；运用促整改手段，切实敦促相关环节整改风险苗头，从整治上消除风险。

（4）百分制法评价成果可完善企业效能评价。加快经济发展方式由粗放型向集约型转变是科学发展的必然要求。首先是百分制法评价成果可以被评企业内部控制是否围绕集约经营这个主题，促进企业搞好精打细算，努力开源节流；以是否关注促进发展技术含量高、节能减排好、符合产业振兴发展纲要的生产经营为标准进行比较，寻找差距，完善以实效性为核心的效能评价标准。第二是关注被评企业内部控制是否紧紧盯住调优结构这个主要环节全面提高效能水平。能否促进优化生产经营结构，推进初级产品向中、高级产品转型，简单工艺向复杂工艺转变，单一市场向多元市场转轨；促进优化资产结构，加速陈旧资产、闲置资产和落后资产向科技资产、新兴资产、朝阳资产的更新换代。提高效益水平是推进各行业持续快速发展的重要依托。还可关注被评企业内部控制是否围绕扩大经济和社会效益进行运筹。关注培育经济发展后劲的进展形态；关注多元经营的战略构架；关注经济核算的效益水平。

（5）百分制法评价成果可完善企业责任管理。首先是可利用成果评价被评企业责任执行力。作为内部控制就是应掌握各工作环节责任的执行效度。如内部职能科室在履职状态上是否表现为先紧后松、时紧时松的波动状态。内部控制是否检查各环节责任执行落实效果，确保责任落实到人、到位。二是评价决策贯彻执行力，内部控制是否既促进决策思想转化为具体实践，又检验决策的质量，为调整完善思路提供有价值的决策参考。

（6）百分制法评价成果可完善企业管理程序。百分制法评价成果可判断被评价企业管理程序规范化状况：如是否运用不当方式偷税漏税，使国家资产受到侵蚀；是否弄虚作假，虚假注册资金，然后转移抽逃资金，使经济运转信息失真。关注被评价企业内部控制是否在促进完善管理规则，严格按照规范操作方面下工夫，逐步弱化、取缔不规范行为。百分制法评价成果还可判断被评价企业管理程序科学化状况：是否运用信息化技术手段进行管理，评价管理程序对现代技术的应用能力和水平；是否运用现代技术控制管理程序进行管理；是否注重使管理程序设置合理，使各环节统筹兼顾、有机链接；是否注重对管理程序进行创新性管理，使管理程序与时俱进。百分制法评价成果还可判断被评价企业管理程序有效化状况：是否通过严密的内控程序，过筛存在的问题，敦促整改。是否切实堵塞管理漏洞，消除管理隐患。是否通过强化内控管理，及时组织盘点库存，按类别编制固定资产卡片，登记造册，使资产管理步入合规范管理轨道。

第 6 章　基于综合影响因素的企业内部控制评价百分制法

6.1　影响企业内部控制评价效果的因素

6.1.1　被评企业内部控制有效性的影响因素

6.1.1.1　被评企业内部控制有效性的界定

评价内部控制的重要原因是评价被评企业内部控制的有效性。内部控制的有效性就是通过内部控制设计、执行所能达到内部控制的目标；是人们依据一定的评价标准，对内部控制活动的效果进行评价后得出的积极结论，它表达的是人们的主观需要、愿望的实现和满足以及实现和满足的程度。内部控制作为一个系统，其设计的有效、执行的有效影响内部控制结果的有效，它们存在如下的关系：

内部控制的有效性 = 设计的有效性 × 执行的有效性

而设计、执行过程均会受到企业内、外部因素的影响，相对而言，由于企业文化等原因，内部控制的设计相对稳定，而执行则受内、外部因素影响较大，其中内部因素影响主要有企业的发展阶段、资产规模、财务状况、管理的集权化程度、企业文化以及管理层的诚信和道德价值观等，它们是影响内部控制合规目标、报告目标、经营目标有效性水平的重要因素，一般容易在评价中具体的测试中发现，而外部因素影响不仅较大，而且因为受评价人员的知识结构、专业阅历、思维习惯等因素的影响而在评价中难于考虑周全，导致影响评价的准确性。

6.1.1.2　影响内部控制有效性的外部因素

除了本书提及的内部控制评价标准体系完善之外，影响内部控制设计和执行有效性的外部因素主要有如下几个：

（1）政府各部门的监管力度。我国政府应发挥在政策法规制定上的权力优势，在已颁布了内部控制的有关规范之后，关键是有关部门密切配合，推动内部控制的发展，将政府推动内部控制建设的功能与企业自主设计内部控制相结合。政府部门应继续发挥内部控制制度建设的规范和指导作用，充分研究和借鉴国际经验，加快内部控制规范的出台，建立一套操作性强的内部控制标准体系；并且政府部门还应从立法、监管、舆论宣传等方面开展工作，将内部控制的全新理念和精神传递给所有相关利益方。当社会中大多数企业乃至所有企业都建立了良好的内部控制并良好运行，内部控制作用有效发挥，那么整个社会的监督成本将大大降低，企业效益、社会效益都将有很大的提高。

（2）社会中介的推动。社会中介机构对内部控制提供评价及咨询服务是国际惯例，随着经济全球化发展趋势的逐步增强和市场竞争的日益加剧，企业越来越重视通过强化内部控制提升管理水平和执行力，从而提高竞争能力和经济效益，这就需要以会计师事务所为主要平台的社会中介机构有计划、有步骤地培养、吸收工程、法律、金融、信息技术的专门人才加入队伍，以提高内部控制的咨询服务水平。

（3）职业经理人市场的形成与完善。经理市场是经理人员能够自由流动，并且其薪金水平由市场来决定，在竞争中，那些有能力并对所有者负责的经营者，会被高薪聘用；反之，会被淘汰，存在失业威胁。由于经理人所经营的企业成功与否，决定了他们在市场中的评价，因而他们会追求对所有者的高回报，实现对经营者的有效激励和合理约束。

（4）实施强制性审计的实施。改变目前仅强制上市公司进行内部控制评价定期公布结果的规定，实行普遍（可设计相关条件）强制性审计内部控制并对外出具内部控制报告。尤其要求外部审计的介入，若注册会计师对内部控制出具审计意见，加重了企业管理当局和注册会计师的责任，企业管理当局出于减轻自身责任以及为企业长期利益的考虑，会主动在注册会计师的协助下对内部控制进行关注，主动寻找内部控制在设计和执行中存在的缺陷，并主动加以改进。

6.1.2 影响企业内部控制评价效果的主要因素

综合上述对被评企业内部控制有效性影响的内、外因素可知，影响企业内部控制评价效果的因素很多，但按照重要性及相关性等因素分析，特别是考虑内部控制评价的百分制法设计阶段对于外部的、宏观的因素难于全部包含，实务中一般可以概括成以下主要因素：

（1）经济周期。由于经济周期是市场经济的必然产物，而处在转型时期的我国经济周期具有显著特征，其所处繁荣、衰退、萧条、复苏四个阶段所面临的环境不一，因而在运用企业内部控制评价百分制法时，其准确度必然会受到影响。尤其应当重视的是我国的经济周期具有特殊的规律，且不同类型的企业之间差异也很大，这也是评价者考虑的重点。

（2）公司治理结构。公司治理结构是一种联系并规范股东（财产所有者）、董事会、高级管理人员权利和义务分配以及与此有关的聘选、监督等问题的制度框架。简单地说，就是如何在公司内部划分权力。良好的公司治理结构，可解决公司各方利益分配问题，对公司能否高效运转、是否具有竞争力，起到决定性的作用。公司内部划分权力对企业控制环境有直接影响，并连带影响其他要素。公司治理结构的好坏对采用内部控制评价百分制法的结果产生较大影响，评价者切不可等闲视之。

（3）企业规模、所处行业等企业状况。企业规模、所处行业、组织结构等情况也会对企业内部控制评价效果产生影响，在运用企业内部控制评价百分制法时，其准确度必然会受到影响，且在实务中影响权重相差甚远，不仅要求评价者需要认真态度，更为重要的是需要良好的职业判断。

还应当指出的是，由于被评企业情况千差万别，对影响企业内部控制评价效果的因素不胜枚举，在实务中，评价者应当谨慎应用职业判断，特别关注企业异常交易等事项，并进行分析，为发现可能影响企业内部控制评价效果的重大因素打好基础，提高应用企业内部控制评价百分制法的质量。

6.2 基于经济周期的企业内部控制百分制法及应用策略

6.2.1 经济周期及其主要特征

6.2.1.1 经济周期

经济周期也称商业周期、景气循环，是指经济运行中周期性出现的经济扩张与经济紧缩交替更迭、循环往复的一种现象，是国民总产出、总收入和总就业的波动，是国民收入或总体经济活动扩张与紧缩的交替或周期性波动变化。过去把经济周期分为繁荣、衰退、萧条和复苏四个阶段（见图6-1），现在一般叫做衰退、谷底、扩张和顶峰四个阶段。

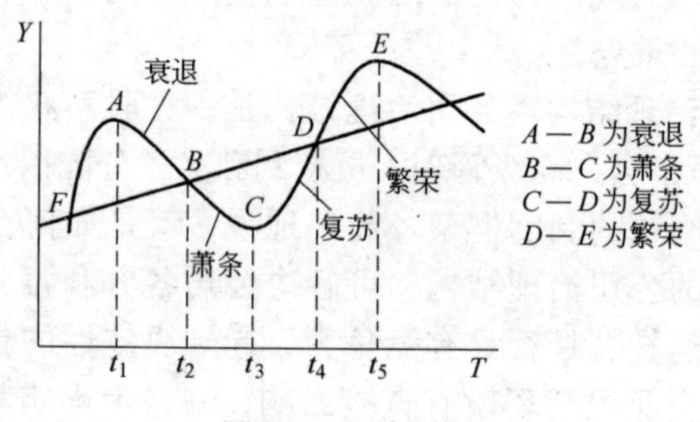

图6-1 经济周期

经济周期的特点是国民总产出、总收入、总就业量的波动，它以大多数经济部门的扩张与收缩为标志。

经济衰退（Recession），指经济出现停滞或负增长的时期。不同的国家对衰退有不同的定义，但美国以经济连续两个季度出现负增长为衰退的定义被人们广泛使用。而在宏观经济学上通常定义为“在一年中，一个国家的国内生产总值（GDP）增长连续两个或两个以上季度出现下跌。”但是这个定义并未被全世界各国广泛接受。比如，美国国家经济研究局就将经济衰退定义成更为模糊的“大多数经济领域内的经济活动连续几个月出现下滑。”凯恩斯认为对商品总需求的减少是经济衰退的主要原因，经济衰退的普遍特征是：消费者需求、投资急剧下降；对劳动的需求、产出下降，企业利润急剧下滑，股票价格和利率一般也会下降。

经济萧条指规模广且持续时间长的衰退，其明显特征是需求严重不足，生产相对严重过剩，销售量下降，价格低落，企业盈利水平极低，生产萎缩，出现大量破产倒闭，失业率增大。

6.2.1.2 经济周期的主要特征

(1) 经济周期不可避免。奥地利经济学家冯·米塞斯在《逃不开的经济周期》一书中描述："由信用扩张带来的经济繁荣最终出现崩溃是无法避免的。能够选择的仅仅是，要么自愿放弃进一步扩张信用，使危机早一点到来，要么推迟危机的发生，但整个货币体系都将卷进来并最终爆发更大的灾难。""金融部门是资本主义经济不稳定的主要根源，因为刺激这个特殊部门的要素很多，并不只是技术和市场利率，而所有这些刺激因素都能导致不稳定性。""不负责任的金融行为得到政府挽救，导致了经济周期的一再发生，这使得金融部门越来越脆弱。""经常性的经济危机并不是一些简单的相互独立的事件，而是经济组织内在不稳定性周期重复发作的体现。""没有发生萧条正是由于某些方面出错了，而萧条的到来则说明经济正处于正常的运行轨道……""'在信用僵局'状态下，降低利率似乎不能刺激任何借贷活动，你可以把马拉到水边，但你不能让马喝水，一旦发生信用僵局的情况，唯一能做的事情就是通过各种渠道增加货币供给。"

(2) 经济周期是经济活动总体性、全局性的波动。经济周期波动是指总体经济活动沿着经济增长的总体趋势而出现的有规律的扩张和收缩。在经济的复苏和繁荣阶段，经济上可能出现的一般特征是，伴随经济增长速度的持续提高，投资持续增长，产量不断提高，市场需求旺盛，就业机会增多，企业利润、居民收入和消费水平都有不同的提高，但也常常伴随着通货膨胀。经济波动的一般原因是：投资率的变动，消费需求的变动，技术进步的状况，预期的变化，经济体制的变动。

经济周期波动，如果从经济运行总体特征上把握，可以表达为：总体经济不可避免的，超出一定幅度的，有规律的波动性增长。其特征为：这是一个在较长时期内考察的经济波动，是由经济运行的特殊机制而不是偶然因素造成的。作为一个周期的波动总量由许多经济活动几乎同时扩张，继而又普遍收缩，这两个差别明显的阶段构成扩张和收缩循环的交替。各周期在相同阶段上有着一般性的相似特征。在较长时间内，周期波动的间隔是大体稳定的。

（3）一个周期由繁荣、衰退、萧条、复苏四个阶段组成。繁荣阶段是经济周期的高峰阶段，由于投资需求和消费需求的不断扩张超过了产出的增长，刺激价格迅速上涨到较高水平。衰退阶段出现在经济周期高峰过去后，经济开始滑坡，由于需求的萎缩，供给大大超过需求，价格迅速下跌。萧条阶段是经济周期的谷底，供给和需求均处于较低水平，价格停止下跌，处于低水平上。在整个经济周期演化过程中，价格波动略滞后于经济波动。复苏阶段开始时是前一周期的最低点，产出和价格均处于最低水平。随着经济的复苏，生产的恢复和需求的增长，价格也开始逐步回升。

（4）周期的长短由周期的具体性质所决定。经济周期的长短总体说来主要是由生产力的大小和市场的大小这两个因素共同决定的。

6.2.2 我国经济周期各阶段对企业内部控制百分制法评价的影响

6.2.2.1 我国经济周期非良性循环特异性

自1978年实行改革开放政策以来，我国经济共经历了五个波动周期，分别是：第一次周期从1978年开始到1984年结束，历时七年；第二次从1985年至1987年，波长为三年；第三次从1988年开始至1992年，波长为五年；第四次从1993年开始至1999年；第五次从2000年开始至2009年，这个阶段的经济发展水平趋于稳定，大体维持在8%左右。从改革开放以来我国所经历的五次经济周期特征来看，历次经济波动都呈现出一种非良性循环特异性。具体表现为：周期波动次数频繁；周期振荡比较剧烈；在各次周期中，经济增长率下降的年份多而上升的年份少；经济周期中物价波动的幅度很大。这些非良性循环特异性尽管在第五次周期中有所改善，但总体仍存在这一态势。

6.2.2.2 与其他主要经济体周期的差异性

我国经济周期波动的成因及传导机制具有以下特点：固定资产投资的波动是经济周期波动的生长点；农业生产的波动是经济周期波动的基础；产业结构的矛盾是经济周期波动的重要环节；经济开放将不同程度地输入经济波动；人为因素对经济波动的影响。我国社会主义市场经济条件下的经济周期，可分为经济过热运行期、经济疲软运行期、经济困难运行期和经济恢复运行期。经济时间是经济存在的时间形式。通常意义上的经济周期范畴，是着眼于经济时间而概括出来的，这与美国、日本和欧盟等经济体的时间是有差异性的。

经济过热运行期的主要表现是：全社会固定资产投资特别是基建总规模过大；消费需求高速膨胀；产业结构和生产结构不合理；物价上涨幅度过高；明显的通货膨胀；国际收支状况不良。经济过热集中表现为经济增长速度即国民生产总值的增长速度过高过快，其临界值可为9%，超过9%，即为过热。

经济疲软运行期一般会出现农产品生产趋紧，工业产成品库存积压严重，企业资金短缺，生产低速增长，停产半停产企业增多，停工待工人员和待业人员增加等经济疲软局面。经济疲软又集中表现为市场销售疲软。

经济困难运行期经济运行近于混乱和崩溃的边缘。其突出表现是：工农业生产大幅度下降；国民经济各部门比例严重失调；市场紧张，人民生活水平明显下降。

经济恢复运行期开始时是前一周期的最低点，产出和价格均处于最低水平。随着经济的复苏、生产的恢复和需求的增长，价格也开始逐步回升。

6.2.2.3 我国经济周期各阶段对内部控制评价的影响分析

应用百分制法对内部控制进行评价时，其基本做法有两种：一种是各阶段对权重进行调整设计，这种方法在实务中难于操作；另一种是在不调整设计的情况下，评分时按一定的系数进行调整。这里主要分析第二种情况的影响。特别应当指出的是系数法可采用综合系数法、二级指标系数法和次级指标系数法。

综合系数法是在对被评价企业打出总分后，再乘以一个总系数而得出调整后总分用于评价对被评价企业的内部控制有效性。具体操作方法可采用基于经济周期的百分制评价评分结果总体调整表，见表6-1。

表6-1 基于经济周期的百分制评价评分结果总体调整表

序号	控制要素	要素内容（略）	设计分	得分	折合总分	备 注
1	控制环境		25	79	19.75	调整系数为1.06，则调整后总分为80.825
2	风险评估		10	82	8.2	
3	控制活动		40	72	28.8	
4	信息与沟通		15	80	12	
5	监 控		10	75	7.5	
合 计			100		76.25	

这种方法一般适用于企业规模较小，或评价者对被评企业有关运作状况特别熟悉，或评价者认为本次评价重要性较低的情形。

二级指标系数法也可称为分类调整法，是按内部控制五要素层面进行调整，再按调整后总分用于评价对被评价企业的内部控制有效性的方法。评价者正常都使用这种方法，因为这比较符合成本效益原则，具体方法见表6-2。

表6-2 基于经济周期的百分制评价评分结果分类调整表

序号	控制要素	要素内容（略）	设计分	得分	折合分	系数	调整后得分
1	控制环境		25	79	19.75	1.08	21.33
2	风险评估		10	82	8.2	0.9	7.38
3	控制活动		40	72	28.8	1.05	30.24
4	信息与沟通		15	80	12	0.97	11.64
6	监 控		10	75	7.5	1.02	7.65
合 计			100		76.25		78.24

次级指标系数法也可称为明细调整法，是对内部控制五要素等二级及以下指标进行详细调整，再按调整后总分用于评价对被评价企业的内部控制有效性的方法，具体方法见表6-3。

表 6-3 基于经济周期的与对控制活动相关的控制评分明细调整表

序号	描述与对控制活动相关的控制	执行得分	设计分	阶段系数	折合后打分
1	了解与授权有关的控制活动	15	20	1.2	18
2	略	5	20	1.1	5.5
3	略	17	20	1	17
4	略	18	20	0.9	16.2
5	略	17	20	0.8	13.6
总　分		72	100		70.4

这种方法一般适用于企业规模较大，或评价者对被评企业总体或部分交易或事项不太熟悉，或评价者认为本次评价重要性较高时，可称之为特殊评价或例外评价。

6.2.2.4 经济周期各阶段确定调整系数的策略

在内部控制百分制法评价时，评价者可以参考以下方法按经济周期阶段确定调整系数。

（1）经济过热运行期：在此阶段，因整体经济看好，企业利润等财务指标均较为容易完成，应用百分制法对内部控制进行评价时，评价者易受企业利润等财务指标良好错觉的影响而高评得分，因而应当乘以一个小于 1 的系数评出得分。但又应具体分析，并考虑经济形势的传导性、时差性，内部控制评价的周期性（通常为 1 年，且在年末）的特点。在经济过热运行期初期，可以考虑不乘以一个小于 1 的系数评出得分，甚至乘以一个大于 1 的系数评出得分，而在经济过热运行期末则应当乘以一个小于 1 的系数（如 0.93）评出得分。

（2）经济疲软运行期：在此阶段，因整体经济由高峰跌入谷底，企业利润等财务指标均较为不易完成，应用百分制法对内部控制进行评价时，评价者易受企业利润等财务指标不好错觉的影响而低评得分，因而应当乘以一个略大于 1 的系数评出得分。但又应具体分析，并考虑经济形势的传导性等特点。在经济过热运行期转为经济疲软运行期时，因为受经济运行中上年惯性或会计政策选择运用的综合影响，可以考虑不乘以一个大于 1 的系数评出得分，甚至乘以一个小于 1 的系数评出得分，而在经济疲软运行期中后期则应当乘以一个略大于1的系数（如1.05）评出得分。

（3）经济困难运行期：在此阶段，经济整体运行困难，被评价企业利润等财务指标均多呈下降趋势或完成有难度，应用百分制法对内部控制进行评价时，评价者易受企业利润等财务指标不好错觉的影响而低评得分，因而应当乘以一个大于1的系数评出得分。但又应具体分析，多数企业为安全渡过经济困难运行期会眼睛向内，实施成本控制策略，内部控制执行更为有效，因而可能在评分时可以考虑乘以一个大于1（如1.12）的系数评出得分较为妥当。而少数企业在经济困难运行期会出现分化，不仅企业利润等财务指标严重下滑，而且因此而显露出企业管理等一系列问题，内部控制执行也大打折扣，对于这种企业，评价者应重点关注其持续经营能力，一般不乘以一个大于1的系数评出得分，而乘以一个小于1（如0.95）的系数进行打分。

（4）经济恢复运行期：在此阶段，经济整体运行缓慢向好，被评价企业利润等财务指标均较正常，应用百分制法对内部控制进行评价时，评价者在评分时一般按设计打分即可，但综合考虑各阶段因素，在经济恢复运行初期评价者可以考虑是否乘以一个略大于1的系数（如1.02）评出得分；而在经济恢复运行后期评价者可以考虑是否乘以一个略小于1的系数（如0.98）评出得分较为准确。

6.2.3 应对经济周期各阶段的策略

应对经济周期各阶段的策略主要为完善内部控制评价的百分制法，增加其可操作性，重点研究应对我国经济周期的、企业内部控制评价百分制法的设计、评价和应用策略。

6.2.3.1 设计策略

如调整各层级指标的权数，以适应各经济周期阶段的变化。具体见表6-4。

表6-4 内部控制百分制评价阶段调整设计表

序号	要素	内容（略）	正常设计分	阶段调整分
1	控制环境		25	30

续表 6-4

序号	要 素	内容（略）	正常设计分	阶段调整分
2	风险评估		10	15
3	控制活动		40	30
4	信息与沟通		15	15
5	监 控		10	10
合 计			100	100

在实务中，评价者除企业规模变化等重要情况发生变化外，极少使用这种方法。

6.2.3.2 评价策略

主要运用经济周期各阶段系数调整法进行评价，具体做法如本节“我国经济周期各阶段对内部控制评价的影响分析”中可分为经济过热运行期、经济疲软运行期、经济困难运行期和经济恢复运行期确定系数后调整得分，进而重新评价其有效性，出具相应报告并采取不同应对策略。

实务中，综合系数法操作简单，运用可行，但准确度略有欠缺，因而运用范围受限。而二级指标系数法则用途最广，为操作简便，内部控制评价者可以考虑应用表6-5，结合上述基本因素加以职业判断，确定各阶段二级指标系数，具体见表6-5。

表 6-5 百分制评价法各阶段系数调整参考表

序号	系数 要素	经济过热期			经济疲软期			经济困难期			经济恢复期		
		初期	中期	末期	初期	中期	末期	初期	中期	末期	初期	中期	末期
1	控制环境	1	0	0	0	0	1	1	2	2	2	2	1
2	风险评估	1	1	0	0	0	0	1	1	2	2	2	1
3	控制活动	1	1	1	0	0	0	0	1	1	2	2	2
4	信息与沟通	1	0	0	0	1	1	1	2	2	2	2	1
5	监 控	0	0	0	1	1	1	1	2	2	2	2	1

注：0 表示小于 1，1 表示不考虑调整，2 表示大于 1。

次级指标系数法则基于两种考虑：一种是由于被评企业规模特别大，或评价者是第一次对被评企业评价而不熟悉其基本情况，或评价者认为本次评价特别重要而对三级指标乃至四级指标采用调整系数进行调整后汇总累加，这种方法对所属项目进行普遍调整；另一种是评价者第一次对被评企业评价某些项目接触或评价而不熟悉，或评价者认为某些项目评价特别重要，而仅对部分三级指标或四级指标进行调整的方法。

具体方法，首先对被评企业的上级指标进行汇总，评价者可用次级指标调整汇总表汇总，做法见表6-6。

表6-6 百分制评价次级指标调整汇总表

序号	控制要素	控制内容（略）	设计分	得分	折合分	系数	调整后得分
1	控制环境		25	79	19.75	1.1	21.725
2	风险评估		10	82	8.2	1	8.2
3	控制活动		40	72	28.8	1	28.8
4	信息与沟通		15	80	12	1	12
5	监 控		10	75	7.5	1	7.5
合 计			100		76.25		78.225

不难发现，表6-6中只有第一项控制环境乘的是不是1的系数，而对此项的评价实际上是下一级项目进行调整的结果，具体见表6-7。

表6-7 次级指标——控制环境评价调整明细表

序号	描述与控制环境相关的控制	评分标准（略）	打分	设计分	系数	调整后得分
1	企业文化现状		28	30	1.05	29.4
2	对能力胜任的控制		8	10	1.15	9.2
3	社会责任		9	10	1	9
4	管理层理念和经营风格		9	10	1	9
5	管理结构		8	20	1.5	12
6	发展战略		9	10	1	9
7	人力资源		8	10	1.15	9.2
总 分			79	100		86.8

6.2.3.3 应用策略

按百分制法内部控制评价法可分为在审计中对被审计企业的重大错报风险进行评估和内部控制审计。因而经济周期各阶段调整后主要表现在重大错报风险进行评估和对内部控制进行专项审计或评价。

A 注册会计师在年报审计中对被审计企业的重大错报风险进行评估的应用策略

【案例 6-1】 注册会计师在年度报表审计时进行控制风险评价，原评价总分是 76.25 分，详见表 6-8，注册会计师通过对固有风险（95%）的综合分析，利用职业判断控制风险定为 89%，进而确定重大错报风险为 95% ×89% =84.55%。

表 6-8 百分制评价评分结果表

序号	控制要素	要素内容（略）	设计分	得分	折合总分	备 注
1	控制环境		25	79	19.75	
2	风险评估		10	82	8.2	
3	控制活动		40	72	28.8	
4	信息与沟通		15	80	12	
5	监 控		10	75	7.5	
合 计			100		76.25	

考虑到经济周期，则可用各阶段系数进行调整，再进行控制风险评价，如例 6-1 的总分是 76.25 分，评估阶段总体调整系数为 1.06，则调整后总分为 80.825，根据控制风险与内部控制强弱呈反向关系，注册会计师可能把被审计企业的控制风险定为 81%，进而确定重大错报风险为 95% ×81% =76.95%。注册会计师可以在预期审计风险的情况下，计算出检查风险较高，进而把报表审计层面的重要性水平定得较低，注册会计师可以实施较少较简单的审计程序，收集较少的审计证据而支撑其审计意见，达到成本效益与风险的灵活结合。反之，如果评估阶段总体调整系数为 0.96，则调整后总分小于原评分，注册会计师必须把重要性水平定得较高，实施较多较复杂的审计程序，收集较多的审计证据而支撑其审计意见，以期控制审计风险。

B 评价者在内部控制进行专项审计或评价的应用策略

【案例 6-2】 设内部控制百分制法评价者对某企业与控制环境相关的控制进行分析的初步结果见表 6-9，总分是 79 分，重大缺陷、重要缺陷的重点领域在管理结构，主要原因是管理结构欠缺、公司过于集权造成下层人员的依赖。

表 6-9 与控制环境相关的控制缺陷分析调整表

序号	描述与控制环境相关的控制	评分标准（略）	打分	设计分	系数	调整后得分	备 注
1	企业文化现状		28	30	1.05	29.4	
2	对能力胜任的控制		8	10	1.15	9.2	
3	社会责任		9	10	1	9	
4	管理层理念和经营风格		9	10	1	9	
5	管理结构		8	20	1.5	12	重要缺陷、一般缺陷的重点领域
6	发展战略		9	10	1	9	
7	人力资源		8	10	1.15	9.2	
总 分			79	100		86.8	

通过经济周期系数调整后得分为86.8分，原来重大缺陷、重要缺陷的重点领域在管理结构，其在设计总分20中仅得8分，仅占40%；而系数调整后该项目得分12分变成占60%，上升了20个百分点，评价者可以根据职业判断变成了重要缺陷、一般缺陷的重点领域，降低了该项目的缺陷程度乃至性质。

评价者根据经济周期系数调整后的情况进行评价结果汇总，初步认定内部控制缺陷，形成现场评价报告或评估小结；综合评分，认定内部控制缺陷，评价者运用职业判断，按设计缺陷和运行缺陷，重大缺陷、重要缺陷和一般缺陷，财务报告缺陷和非财务报告缺陷进行综合分析；内部控制缺陷的报告与整改，在报告与整改中等重大缺陷、重要缺陷和一般缺陷的状况会发生变化，其他相关后续处理工作进行相应变化。

6.3 基于公司治理结构的企业内部控制评价百分制法

6.3.1 公司治理结构与企业内部控制

6.3.1.1 公司治理结构的功能

公司治理结构（Corporate Governance，又译法人治理结构、公司治理）是一种对公司进行管理和控制的体系。它不仅规定了公司的各个参与者，例如董事会、经理层、股东和其他利害相关者的责任和权利分布，而且明确了决策公司事务时所应遵循的规则和程序。公司治理的核心是在所有权和经营权分离的条件下，由于所有者和经营者的利益不一致而产生的委托—代理关系。公司治理的目标是降低代理成本，使所有者不干预公司的日常经营，同时又保证经理层能以股东的利益和公司的利润最大化为目标。

法人治理结构包括股东大会、董事会、经理层和监事会，其主要功能如下：

（1）股东会议是由公司股东组成的机构。股东依法凭据所持有的股份行使其权利，享受法定的经济利益。这些权利和经济利益包括：1）取得股权收益的收益权；2）对公司资本的拥有权；3）在审议董事会的建议和财务报告时的投票权；4）对董事的选举权和在董事玩忽职守、未能尽到受托责任时的起诉权。股东也要依法承担与其所持有的股份相适应的义务和责任。一般情况下，股东对公司只有间接管理权。这种间接管理机是通过股东会议实现的。股东会议是公司的权力机构。董事会的组成和公司的重大决策等必须得到股东会议的认可和批准方为有效。所以，股东大会是股东表达其意志、利益和要求的主要场所和工具。实际上，股东们需要推选出能够代表自己利益的、有能力的、值得信赖的少数代表，组成一个小型的机构替股东代理和管理公司，这就是董事会。董事长是公司的法定代表人。

（2）董事会是公司的决策机关，对股东大会负责，依法对公司进行经营管理。董事会对外代表公司进行业务活动，对内管理公司的生产和经营。也就是说公司的所有内外事务和业务都在董事会的领导下进行。

（3）经理是公司事务和业务的执行机构，它由包括总经理、副总经理、财务负责人等在内的高级管理人员组成，负责处理公司的日常经营事务。这些高级管理人员受聘于董事会，在董事会授权范围内拥有公司事务的管理权，负责处理公司的日常经营事务。其中，总经理是负责公司日常业务活动的最重要的管理人员。

（4）监事会是对董事会和经理执行业务的活动实行监督的机构。监事会作为公司的监察机构，其职责是对董事会和经理的活动实施监督。其内容包括一般业务上的监察，也包括会计事务上的，但对内它一般不能参与公司的业务决策和管理，对外一般无权代表公司。

6.3.1.2 公司治理结构与内部控制的关系

公司治理结构和内部控制是一种“你中有我，我中有你”的相互嵌合的关系，两者在主体、目标、内容上有着很多重合点和交叉性，并且相互依赖。两者的这种紧密关系说明抛开公司治理来谈内部控制的建设是行不通的。完善的内部控制机制要有健全的公司治理结构为基础，同样，内部控制的建立健全和实施也将有利于公司治理结构目标的实现。

（1）两者的内容层次相互对应。从教学理论角度来看，公司治理机制辐射两个层次的内容：一是企业与股东及其他利益相关者之间的权责利分配。这个层次中，股东要授权给管理当局管理企业，而管理当局应从股东利益出发管理企业，并且保护股东利益真正得以实现；二是企业董事会及管理层为履行对股东的承诺，承担自己应有职责所形成的权责利及内部各部门及有关人员之间的权责利分配，这也被称作为“狭义的公司治理”。与此相对应，作为公司治理系统的制约机制，内部控制制度也可分为两个层次：第一个层次是从所有者的角度出发，对包括管理者在内实施监控的控制系统；第二个层次是从管理者的角度出发，对经营生产过程实施控制。

（2）两者产生的基础都是委托代理关系。现代企业制度的标志是产权结构上实现了所有权和经营权的分离以及在此基础上产生的委托与代理关系。在委托与代理关系中，公司的所有权与控制权就变成了剩余索取权与决策权，公司控制问题就变成了委托人对代理人的监督和激励机制，保证代理人的行为符合委托人的利益和要求。由于委托人和代理人具有各自不同的利益，代理人会产生“逆向选择”和“道德风险”，委托人必须设立一套有效的制衡机制来规范和约束代理人行为，从而降低代理成本。公司治理结构就是一种有效的制衡机制，它与法人财产相关的各方权责利制度安排，因委托与代理制而产生，同时又为解决公司中委托与代理问题而服务。内部控制包括所有者对经营者实施的监控和经营者对生产经营活动过程的控制，其最终目的也是减少代理成本，提高企业的生产经营效率。

（3）内部控制框架是实现公司治理目标的重要保证。公司治理结构的目标是保证经济运行中的公平与效率。具体来说，就是在股东、管理者和其他利益关系人之间建立合乎公平与效率的经济机制。在这个机制下，股东必须提供企业生产经营所需要的基本资金，并享有对企业的最终控制权和剩余分配权；管理者必须尽责工作，不得偷懒，也不能利用职务之便损害投资者的利益；企业在追求自身利益的同时不能损害其他关系人的权益。事实上，在很多情况下企业的控制权相当程度已转移到管理层的手中，所以良好的内部控制框架有利于公司法人主体处理好各利益相关者的关系，是实现公司治理目标的重要保证。

（4）完善的公司治理结构是内部控制发挥作用的前提。企业内部控制薄弱的主要原因，就在于公司治理结构不完善，缺乏对经营管理者的有效监督和约束，导致一些管理者视制度与规则为摆设，在管理决策中表现为主观性、随意性、盲目性，甚至营私舞弊，致使国有资产大量流失，企业效益严重滑坡。建立完善的公司治理结构，保证所有权、决策权、经营权、监督权既相互分离、又相互制衡，并且可以解决内部控制和监督不到位的问题，从而保证企业内部控制管理制度“立而可循”。

6.3.2 公司治理结构对企业内部控制的影响

公司治理结构对内部控制评价的影响是广泛的，下面结合我国实际情况，以我国国有控股为主的上市公司为例，从几个方面进行阐述。

6.3.2.1 股权结构与内部控制

股东监控企业要权衡实行监控的成本与收益，由于大股东和小股东付出的成本基本一致，而前者获得的收益远远大于后者，小股东的理性选择就是放弃监控权而采取“搭便车”的行为。所以股权集中度与内部控制的效果成正比。但股权过于集中则会导致治理结构失衡，缺乏对大股东的制约，相应的内部控制也就流于形式。如我国有的上市公司的控股股东将子公司视为“提款机”，子公司貌似详细的内控制度根本无法得到执行。

目前我国上市公司或大型企业的股东主要分为国家、法人股东和流通股股东。对国有股而言，由于行政机关并不享有剩余索取权，因而缺乏足够的经济利益驱动去有效地监督和评价经营者，从而造成对公司的“超弱控制”。这也是我国国有企业内部控制薄弱的内在原因。国家无法直接监控企业，内部控制的实际权力就落在了经营者手中，形成严重的内部人控制，以相互牵制为特征的内部控制自然就无从谈起。与国家股相比，法人股出于对自身利益的考虑，具有比较大的监控动力和能力。但我国由于机构间相互持股比例较大，之间利益关系错综复杂，对企业内部控制的作用难以发挥。流通股股东属于小股东，如前所述，由于自身素质及成本等原因，一般只通过“用脚投票”方式以抛售或拒绝购买公司股票对公司内部控制表示不满。

股东表决权的方式也会对内部控制产生影响。我国目前采用一股一票制及设定投票通过比例来决定公司事项。但这无法解决国有股一股超大使股东表决成为形式，股东会成为橡皮图章的问题。

6.3.2.2 董事会特征与内部控制

目前，大型公司致力于构建以董事会为中心的治理结构和治理机制，建立董事会为核心的内部控制机制。实际看，股东把拥有的绝大部分契约控制权授予了董事会，再由董事会将日常的决策管理权授予公司经理阶层。因此，董事会在其中扮演了重要角色，是公司治理的中心组成部分。

（1）董事会规模。詹森（1993 年）认为规模较小的董事会更容易发挥监控职能，而规模较大的董事会更容易被总经理所控制。萨蒙（1993 年）指出，对大型上市公司而言，董事会规模以 8 ~ 15 人为宜。少于 8 人，可能就无法安排足够的外部董事任职于审计、报酬和其他委员会；多于 15 人，就会分散和打乱董事会会议中的讨论。

(2) 内部董事比例。内部董事指董事会中属于公司内部管理人员的董事。法码（1983 年）认为董事会构成是决定董事会监控职能发挥的重要因素，由于经理层具有信息优势，如果经理层在董事会中占主导地位容易导致股东财富的损失。我国国有企业在进行股份制改造过程中，其法人治理结构就存在先天缺陷。因而，应增加独立董事，并按有关规定规范运行，逐步完善其功能。

6.3.2.3 从监事会职能分析内部控制

我国法律明确规定，监事会的主要职责是对董事会和经营者进行监督，但实践中，我国多数企业监事会的作用发挥有限。表现其一为监事会人员大多数由公司内部人员担任，监督的动力不足；其二是权力偏小，没有罢免董事的权力，缺乏足够的制约董事会行为的手段；其三是下设的办事机构“虚位”，其人员在行政上置于总经理的领导下，缺乏独立性。这与国外独立性很强的审计委员会相比相差甚远。

6.3.2.4 经理人是否持股

将经理人纳入企业的股权结构中，能使经理人与企业的利益趋同，自觉维护各项内部控制制度，保证企业资金安全，关注资产保值增值，缓和经理人和股东之间的冲突。在设计经理人持股计划时，应注意设计一定的隐含报酬。隐含报酬合约一般指职业声誉、社会地位、经理人市场的竞争优势等。这有助于满足人的更高级需要的、跟目前职业相关的潜在利益。这会引导经理人减少自身的败德行为，放弃以权谋私的行为。

6.3.3 公司治理结构有效性的评价

纵览世界公司治理结构演变史和全球各国现有的公司治理结构模式，由于国家的经济发展水平，特别是资本市场的发育状况以及政治、法律、文化和历史等因素的综合影响，从发展眼光看，一个有效的公司治理结构模式，起码需要具备以下几个条件：一是能与该国的经济发展和资本市场发展水平相适应；二是能保证公司实现长期的稳定增长与发展；三是能保证公司所有者对公司的经营者进行有效的调控；四是能够保证公司经营者具有独立的生产经营自主权；五是能够有效地运用激励和控制等机制全面地调控所有者、经营者和公司职工的行为，并充分地发挥各自的积极性。

为了便于对公司治理结构有效性的评价，可以考虑按上述标准进行量化评分，再按得分结果确定调整系数，以弥补在内部控制评价百分制法中未专项考虑公司治理结构的不足，具体见表6-10。评分过程中可比照第4章的方法和程序进行。

表6-10　公司治理结构有效性评价明细表

序号	评价标准	主要内容	设计总分	评价得分	备　注
1	与经济发展和资本市场发展水平的适应程度	经济发展的基本评价；资本市场发展水平的测定；经济发展和资本市场发展对企业的影响及应对策略	10		
2	长期的稳定增长与发展的保证程度	企业发展战略；企业预算指标包含非财务指标等权数；企业绩效考核指标及评价方式	20		
3	所有者对经营者的调控有效性	治理层对经营者调控方式、频率及异常情况的处理；总体调控机制及执行情况	25		
4	经营者独立的经营自主权的保证程度	治理层对经营者生产经营的调控和监督是否适当	10		
5	调控所有者、经营者和公司职工行为的机制	有可行激励机制；有配套控制机制；能否充分地发挥各自的积极性	35		
合　计			100		

6.3.4　公司治理结构评价结果在企业内部控制评价百分制法中的应用

评价者根据公司治理结构评价结果（一般表现为分数），关注公司治理结构对内部控制影响程度或权数，运用职业判断确定调整系数，具体做法可参照表6-11。

表6-11 上市公司公司治理结构评价结果调整系数参照表

序号	评价层级	评价得分	调整系数幅度	备 注
1	一	95分以上	1.03～1.08	
2	二	85～94分	1～1.05	
3	三	75～84分	0.97～1.02	
4	四	60～74分	0.94～0.99	
5	五	59分以下	0.91～0.96	

公司治理结构评价结果系数调整一般采用总体调整法，具体见案例6-3。

【案例6-3】 内部控制评价者在应用百分制评价法在未考虑公司治理结构因素时的评价总分为76.25分，公司治理结构评价结果为89分，评价者运用职业判断后确定调整系数为1.025，则调整后的评价得分是76.25×1.025=78.15625分，取78.16分，具体过程见表6-12。

表6-12 基于公司治理结构百分制评分结果调整表

序号	控制要素	要素内容（略）	设计分	得分	折合总分	备 注
1	控制环境		25	79	19.75	调整系数为1.025，则调整后总分为78.15625（取78.16分）
2	风险评估		10	82	8.2	
3	控制活动		40	72	28.8	
4	信息与沟通		15	80	12	
5	监 控		10	75	7.5	
合 计			100		76.25	

6.3.5 对其他类型企业公司治理结构评分结果调整的考虑

表6-12所示是我国国有控股为主的上市公司考虑的综合调整系数，而对于国有企业、民营企业、外商投资企业等应有所区别。

6.3.5.1 国有企业公司治理结构评分结果调整的特殊考虑

A 国有企业公司治理结构的特征

国有公司或企业因为拥有“国家”这一特殊的股东，注定了其拥有其他公司不具有的个性。具体表现在：（1）其经营的好坏将直接影响到国家能否增加财政收入和实现宏观经济调控的初衷；（2）国有公司的自我协调不仅要协调各利益相关者的私权利，还要协调国家公权力与私权利的关系；（3）国有公司的社会性已上升为国家性，代表国家履行出资人职责的机构或部门是站在国家利益的高度行使股权，促使公司所承载的国家职能得以实现。这些个性综合使国有公司治理结构表现出国家性、复杂性和独立性的特点。

国有公司作为国家干预经济的产物，不只是和其他公司一样负有社会责任，而且还承担了其他公司不具有的职能：对经济市场进行长远规划，对宏观调控进行辅助，对其他公司或企业进行引导和帮助等。这些职能使国有公司的社会责任上升到国家责任的高度，具有了国家性。因此，仅用社会性已不足以概括其治理结构折射出的国家性。

国有公司治理结构作为一种包含国家权力在内的机制，与非国有公司治理结构相比，显得更加复杂。作为该制度的各项组成部分，它们是一套完整的、互相联系、互相制约的复杂体系。具体而言包括以下层次：

（1）对包括国家在内的一切利益人的权利、义务、责任有合理的分配。以股东为例，在该种结构下，国家和其他股东平等地行使股权，履行义务和承担责任。推而广之，一旦该种结构建立并实施，与国有公司有关的一切关系人均得以头脑清楚、目标明确、方法得当的主人翁态度参与公司的运作和从中获利。

（2）建立一套特殊的权利和权力制衡机制。国有公司治理结构不仅是公司运营参与者和利益相关者的权利制衡保障机制，而且是权利和权力的制衡机制。国家作为主权者与特殊的股东具有双重人格，即公法人格与私法人格。国家的公法人格决定了国家具有经济管理职能，即国家以管理者的身份介入社会经济运行，对国民经济进行管理和调控。国家的私法人格是指国家作为特殊的股东与其他的投资人均为平等的商品关系参加人。毫无疑问，国有公司的营运也在国家的管理、监控之下，这就需要将国家的公法人格和国家的私法人格区别开来，即需要国家作为股东的私权利和国家作为主权者的公权力达到平衡。

所称独立性乃是指国有公司治理结构的组成部分之间的相对独立性。国有公司治理结构相对独立性的要求从本质上说是为了促使各种权力能最大限度地发挥，而不受过多的干预，最突出地表现为国有公司经营治理结构的独立性。国家由直接干预经营到退居二线，通过控制国有公司经营机构来间接实现所有权，反映出国有公司内部经营层与所有层的逐渐分立。法国国有公司经营层的“三方代表制”或直接任免主要领导人的制度就体现了国有公司治理结构的相对独立性。

B 基于国有企业公司治理结构百分制评分结果的调整

由于国有企业公司治理结构具有国家性和复杂性，实际从某个角度上说在公司治理结构之外还有代表国家的甚至更强有力的监督机制，因而基于国有企业公司治理结构百分制评分结果的调整弹性应比以国有控股为主的上市公司的调整弹性小，调整比例小，实务中可具体参考表6-13。

表6-13 国有企业公司治理结构评价结果调整系数参照表

序号	评价层级	评价得分	调整系数幅度	备 注
1	一	95分以上	1.02~1.05	
2	二	85~94分	1~1.03	
3	三	75~84分	0.98~1.01	
4	四	60~74分	0.96~0.99	
5	五	59分以下	0.94~0.97	

6.3.5.2 民营企业公司治理结构评分结果调整的特殊考虑

A 民营企业公司治理结构的特征

民营企业不仅有家族企业，还有多样化的来源与组成方式，如民营科技与新经济企业、国有改制民营化的企业、乡镇企业等。目前我国民营企业公司治理结构具有以下特征：

（1）产权结构。一方面整体清晰，但内部产权分配往往缺乏契约化清晰界定；另一方面产权结构普遍单一，家族特征浓厚。

（2）权力制衡与协调机制。正式治理结构虚化问题表现突出，过于依赖非正式制度；忽视公司章程的制定，导致发生纠纷时无章可依。

（3）决策机制。多数民营企业采用家长制决策，科学的决策机制尚未普遍建立，但以董事会为核心的决策机制日益得到重视。

（4）经营管理人员的选择与激励。民营企业在经营管理人员选择上具有浓厚家族化色彩；主要经营者的激励约束机制同样具有显著家族治理特征；外部人力资本激励措施有限，未能很好解决与职业经理人的矛盾。

（5）融资机制。内源融资仍然是民营企业主要的融资机制，外部融资逐步发展，但作用仍然十分有限。整体说来，我国民营企业家族式性质明显，某个或几个关键人员的作用往往大于整个治理机构。

B 基于民营企业公司治理结构百分制评分结果的调整

尽管民营企业公司治理正在向明晰产权，产权结构趋向多元化、社会化，决策民主化，人力资本激励机制多样化，融资机制进一步社会化等方向发展，但从目前看，民营企业公司治理结构对企业内部控制的有效性影响最为明显，也就是说，基于民营企业公司治理结构百分制评分结果的调整弹性应比以国有控股为主的上市公司和国有企业的调整弹性大，调整比例大，实务中可具体参考表6-14。

表6-14 民营企业公司治理结构评价结果调整系数参照表

序号	评价层级	评价得分	调整系数幅度	备 注
1	一	95分以上	1.04～1.12	
2	二	85～94分	1～1.08	
3	三	75～84分	0.95～1.04	
4	四	60～74分	0.91～0.98	
5	五	59分以下	0.88～0.92	

还应指出的是，民营上市公司的公司治理结构与上市公司的公司治理结构具有共性，但其特性明显，尤其是比较单一的实际控制人在公司的运作中往往起着特别的作用，因而其公司治理结构效能虽然整体比民营非上市公司要完善，但比国有控股为主的上市公司要差，因而内部控制评价百分制法评价者在确定公司治理结构评价结果调整系数时应当考虑在民营企业和国有控股为主的上市公司之

间取值。

C 其他类型企业公司治理结构百分制评分结果调整的考虑

其他类型的企业公司治理结构也各有特色，内部控制评价百分制法评价者可根据自身的职业判断对公司治理结构评价结果进行适当调整，根据各种因素如外商投资企业主要考虑各投资方的投资比例，主要投资者所在经济体的政治、经济、法律环境，主要投资者个人或法人出资状况，主要投资者品行、经营理念、董事会的构成及议事规则等确定调整系数，得出调整后的总评分后进行相应处理。这里就不再一一阐述。

6.4 基于综合影响因素的企业内部控制评价百分制法

6.4.1 影响企业内部控制评价百分制法的其他因素

在实际操作中，影响内部控制评价百分制法的因素除上述的经济周期和公司治理结构以外，还有很多，其中企业规模、所处行业等企业状况对百分制法的影响较大。

6.4.1.1 企业规模对内部控制评价百分制法的影响

本书所指企业规模，不仅是以资产总额、营业收入、职工人数等国家统计部门的常用指标为界定标准，而且还要考虑企业组织形式，如是集团公司，还是独立公司，如果是集团公司，还应考虑其子公司或分公司的数量，控制方式；关联方的数量、主要类型、实际交易状况等其他因素。实务中可按国家统计部门的常用指标占70%，而上述其他因素占30%的权重评估被评价企业的规模大小。

企业规模对内部控制评价百分制法的影响也可以通过对内部控制评价百分制法的初步评价结果进行调整来描述，通常也使用综合调整法，如百分制法评价者对某被评价企业的总得分为82分，考虑企业规模较大，组织结构复杂，选取调整系数0.98，则考虑企业规模对内部控制评价的影响后总得分为 $82 \times 0.98 = 80.36$ 分。

企业规模对内部控制评价百分制法影响的关键是调整系数的确定，考虑到企业规模对内部控制评价百分制法的影响权重，其调整系数宜定在0.96~1.01之间。一般来说，企业规模越大，组织结构越复杂，其调整系数宜定得越低；反之，企业规模越小，组织结构越简单，其调整系数宜定得越高，但正常不大于1。

6.4.1.2 所处行业对内部控制评价百分制法的影响

所处行业对内部控制评价百分制法的影响可与经济周期一并考虑，也可单独考虑。单独考虑的基本方法与企业规模对内部控制评价百分制法的影响基本相同，主要应特别关注。有关行业景气指数的应用及调整系数的确定等。

6.4.2 基于综合影响因素的企业内部控制评价分值的计算

因为综合内部控制评价的百分制法较多，百分制法评价者所依据的百分应当是调整后的百分，调整后的百分与初始评价百分可描述成如下关系：

基于综合影响因素调整后的百分=初始评价百分×经济周期影响调整系数×公司治理结构影响调整系数×企业规模影响调整系数×所处行业影响调整系数×其他影响调整系数

【案例6-4】 如注册会计师在年度报表审计时用于评价控制风险，初始评价总分是76.25分，详见表6-15。

表6-15 百分制评价评分初始结果表

序号	控制要素	要素内容（略）	设计分	得分	折合总分	备 注
1	控制环境		25	79	19.75	
2	风险评估		10	82	8.2	
3	控制活动		40	72	28.8	
4	信息与沟通		15	80	12	
5	监 控		10	75	7.5	
合 计			100		76.25	

而评价者在对相关因素考虑后确定该被评企业经济周期影响调整系数为1.05，公司治理结构影响调整系数为1.01，企业规模影响调整系数为0.99，所处行业影响调整系数为1.02，其他影响调整系数为1.01，则有：

调整后百分 = 初始评价百分 × 经济周期影响调整系数 × 公司治理结构影响调整系数 × 企业规模影响调整系数 × 所处行业影响调整系数 × 其他影响调整系 = 76.25 × 1.05 × 1.01 × 0.99 × 1.02 × 1.01 = 82.47 分

注册会计师在年度报表审计时可用被审计企业内部控制得分 82.47 分评价其好坏，进而确定被审计企业的控制风险的大小。

6.4.3 基于综合影响因素的企业内部控制评价百分制法应用举例

【案例 6-5】 2008 年 7 月 30 日，受“凤凰”台风影响，某地遭受特大暴雨袭击，形成洪涝灾害，致使某稀土有限责任公司（以下称 B 公司）严重受灾，该公司仓库、生产车间、一层办公楼及食堂全部被淹。其中，仓库受淹高度达 2.3m，库内产成品、半成品等物资全部被淹；生产车间设备严重受损，部分电器设备彻底损坏，无法修复使用；生产线上的辅助材料及半成品大量流失、污染，部分萃取剂被水冲走；一层办公设备全部受损，部分资料被污水浸泡甚至被冲走；食堂被淹，倒塌房屋三间。某财产保险股份有限公司某分公司聘请 A 司法鉴定中心对 B 公司水灾涉保资产评估及财产损失作出司法鉴定结论。

面对这种要求，司法鉴定与其说是资产评估，倒不如说首先是报表审计，因为灾后在库稀土产品及生产流程中的成品、半成品等已发生变化。司法鉴定人员只可参见国土资源部南昌矿产资源监督检测中心《稀土产品 NO08（化）××检测报告》，而关键在于被鉴定企业内部控制的强弱。

司法鉴定人员尝试应用内部控制评价百分制法对内部控制评价进行了评分，初始评分为 84.65 分，司法鉴定人员处于难于判断的局面。在一次业务座谈会上，有人提出被评价企业属于国有控股企业，评价得分可往上调整。这一建议提醒了项目负责人，并综合考虑了稀土行业景气状况、经济大局势等因素，调整后得分为 93.12 分，进而确定了被鉴定企业内部控制的有效性。

接着，司法鉴定人员与委托人某财产保险股份有限公司某分公司相关负责人进行了沟通，并得到了认同。于是司法鉴定人员采信了被鉴定企业报表提供的数据，并实施了以下审验策略把对被鉴定公司水灾涉保资产评估及财产损失分为资产评估部分、固定资产部分、流动资产部分。

A 资产评估部分审验策略

本中心李××等一行 5 人于 2008 年 8 月 3 日至 2008 年 8 月 13 日期间进入公司，依据《中国注册会计师审计准则》、《企业会计准则第 1 号—存货》、《企业会计准则第 4 号—固定资产》和相关会计制度对固定资产、存货查验核实，并对公司的固定资产、存货及相关的会计报表、账簿、原始凭证进行了抽查。

经过查验，核实：

(1) B 公司 2007 年 8 月 1 日固定资产账面原价××元，累计折旧账面余额××元，固定资产净值××元，在建工程账面余额××元。

(2) B 公司 2008 年 6 月 30 日固定资产账面原价××元，累计折旧账面余额××元，固定资产净值××元，在建工程账面余额××元。

(3) B 公司 2008 年 7 月 31 日固定资产账面原价××元，累计折旧账面余额×× =0 元，固定资产净值××元，在建工程账面余额××元，详见附表××（所有报表均省略）。

(4) 2008 年 7 月 31 日固定资产账面余额与 2007 年 8 月 1 日固定资产账面余额相比，固定资产原价账面余额增加××元，累计折旧账面余额增加××元，固定资产净值账面余额增加××元，在建工程账面余额减少××元，详见附表××。

(5) 2007 年 8 月 1 至 2008 年 7 月 31 日分类固定资产账面余额详见附表××。

(6) B 公司 2007 年 8 月 1 日存货账面余额××元，其中，库存商品账面余额××元，原材料账面余额××元。

(7) 2008 年 6 月 30 日存货账面余额××元，资产负债表存货项目余额××元，其中，库存商品账面余额××元，原材料账面余额××元，生产成本账面余额××元。

(8) 2008 年 7 月 25 日存货账面余额××元，其中，库存商品账面余额××元，原材料账面余额××元，生产成本账面余额××元。

2008 年 7 月 26 日至水灾发生日的存货情况如下：

（1）该公司产成品和大宗材料，根据 2008 年 7 月 25 日结存数为基数，对产成品和大宗材料 2008 年 7 月 26 日至水灾发生日的出入库凭证进行审核，并按 2008 年 7 月 25 日各自存货单价估算出水灾发生日存货结存数作为 2008 年 7 月 31 日存货结存数，详见附表××。查验核实：大宗材料中的稀土材料 2008 年 7 月 26 日至 2008 年 7 月 30 日之间入库的数量 313260 公斤。

（2）在对账的基础上，对原材料中的零星材料进行了抽查核实。

（3）按照 B 公司的核算惯例，该公司成本核算月度起止日为每月的 26 日至下月的 25 日。因此，2008 年 7 月 26 日至当月底的生产投料等归集的成本及结转的产成品成本均在 2008 年 8 月份会计报表中列示。

B 固定资产部分审验策略

2008 年 8 月 3 日至 2008 年 9 月 10 日期间，对 B 公司和某财产保险股份有限公司某分公司现场勘查记录相关资料进行固定资产查验核实。对提供的固定资产及相关的会计报表、账簿、原始凭证进行了抽查，依据重要性原则对固定资产实物进行了抽样复核，对 B 公司水灾受灾现场固定资产及财务会计凭证、台账、受损固定资产逐项进行了核实确认。

（1）$100m^3$ 盐酸储存桶每个 128000 元，合计 256000 元。

（2）经甲、乙双方协商盐酸储存桶每个扣除 30% 折旧，实际确认损失 179200 元。

（3）灼烧炉共损失三个，经查账每个账面金额为 350000 元，经核实主炉损失为 158000 元（已剔除烟道、除尘设施及未损害部分）。

（4）自动化控制 PIC 系统经甲乙双方协商为 280000 元，由甲方自行修复。

（5）锅炉经甲乙双方协商确认为 66000 元，由甲方负责修复。

（6）高低压配电系统，××供电局施工检测费用 19000 元。

（7）低压控制柜部分 49600 元，高压部分 23000 元，经专业技术人员核实予以确认（已扣除残值 15%），两项合计 72600 元。

(8) 土木房一栋，按某市标准 200 元/m^2 计价（已剔除残值），总计 150m^2，计 30000 元。

(9) 围墙：1）恢复修建费用 47600 元，根据江西省 2004 建筑定额核实予以确认，扣除水泥砖回收利用 3000 元，实际恢复重建费用 44600 元；2）水淹部分墙体粉刷费 20000 元。1）和 2）费用合计 64600 元。

(10) 办公自动化部分根据 B 公司和某财产保险股份有限公司双方确认损失清单，经市场调查核实确认 71000 元。

(11) 生产管道修复费用在 B 公司报价基础上，经市场调查核价为 146000 元。

(12) 现场施救费 350000 元。

C 流动资产部分审验策略

2008 年 8 月 3 日至 2008 年 9 月 10 日期间，对 B 公司提交的相关资料和财产保险股份有限公司现场勘查记录进行查验核实。对提供的流动资产及相关的会计报表、账簿、原始凭证进行了抽查，依据重要性原则对流动资产实物进行了抽样复核，并对 B 公司水灾受灾现场及财务会计凭证、账册等各类记录，受损流动资产逐项进行了核实确认。

a 流动资产损失鉴定依据

(1) 依据 B 公司与某财产保险股份有限公司某分公司派出现场查勘人员共同确认《某稀土有限责任公司现场采样汇总表××》，确定损失产品数量、重量及处理方法。

(2)《稀土金属及其化合物物理性能测试方法 稀土化合物比表面积的测定》(GB/T 20170.2—2006)。

(3) 依据国土资源部南昌矿产资源监督检测中心某市建设工程质量检测中心《稀土产品 NO08（化）××检测报告》确定损失产品重量、程度及处理方法。

(4) 依据江西省有色金产品质量监督检验站《稀土样品分析检验报告单》53 份确定损失产品重量、程度及处理方法。

(5) 依据 B 公司 2008 年 10 月 12 日出具《某稀土有限责任公司存货财产损失情况》为基础，确定损失产品的回收率。

(6) 依据2008年8月上旬稀土金属产品报价，确定某稀土有限责任公司水灾流动资产损失价格。

b 稀土产品损失和处置意见分析

(1) 依据某稀土有限责任公司派出人员与某财产保险股份有限公司派出现场查勘人员共同确认的《B公司现场采样汇总表××》，仓库产品流失损失为：氧化镨钕456公斤、氧化钕17055公斤、氧化钆946公斤、氧化钐6328公斤、氧化钕1293公斤、氟化镨钕639公斤、氧化富钇118公斤、氧化镧22852公斤、地面回收损失2912公斤、草酸稀土4440公斤、混合稀土料液3150公斤。

(2) 根据2008年8月上旬稀土金属产品报价，确定某稀土有限责任公司水灾、仓库产品及回收流失损失价格为××元。

(3) 仓库产品损失情况及处置意见、分析见处置意见表××。

(4) 沉淀灼烧车间产品损失情况及处置意见见处置意见表××。

(5) 物料、萃取、废水车间产品及半成品损失情况见处置意见表××。

(6) 化工材料水灾损失情况见处置意见表××。

D 鉴定结论

(1) B公司2008年6月30日固定资产账面原值××元，累计折旧账面余额××元，固定资产净值××元，在建工程账面余额××元（详见资产负债表）。

(2) 2008年7月25日存货账面余额××元，其中，库存商品账面余额××元，原材料账面余额××元，生产成本账面余额××元（详见附表××）。

(3) B公司水灾，造成该厂固定资产损失为××元，流动资产损失××元，其中被水冲走存货损失××元，被污染等其他原因造成的存货损失××元。施救费用××元。固定资产、流动资产损失总计××元，施救费用××元。损失总计××元。

本案例启示：大量实际证据状态发生改变，给事后的司法资产整体评估带来了困难，为破解这个难题，以财务资料为主的书面证据成了主要依据，而以财务资料为主的书面证据是否可信采用以仍在运行的内部控制评价为主要依据，而此时基于综合影响因素的内部控制评价百分制法起了关键作用，从而出具了双方认可的鉴定报告，以该报告为主要处理依据的涉保财产损失赔偿方案取得该财产保险公司某分公司相关领导的高度评价。

附　录

附录A　企业内部控制基本规范

第一章　总　则

第一条　为了加强和规范企业内部控制，提高企业经营管理水平和风险防范能力，促进企业可持续发展，维护社会主义市场经济秩序和社会公众利益，根据《中华人民共和国公司法》、《中华人民共和国证券法》、《中华人民共和国会计法》和其他有关法律法规，制定本规范。

第二条　本规范适用于中华人民共和国境内设立的大中型企业。

小企业和其他单位可以参照本规范建立与实施内部控制。

大中型企业和小企业的划分标准根据国家有关规定执行。

第三条　本规范所称内部控制，是由企业董事会、监事会、经理层和全体员工实施的、旨在实现控制目标的过程。

内部控制的目标是合理保证企业经营管理合法合规、资产安全、财务报告及相关信息真实完整，提高经营效率和效果，促进企业实现发展战略。

第四条　企业建立与实施内部控制，应当遵循下列原则：

（一）全面性原则。内部控制应当贯穿决策、执行和监督全过程，覆盖企业及其所属单位的各种业务和事项。

（二）重要性原则。内部控制应当在全面控制的基础上，关注重要业务事项和高风险领域。

（三）制衡性原则。内部控制应当在治理结构、机构设置及权责分配、业务流程等方面形成相互制约、相互监督，同时兼顾运营效率。

（四）适应性原则。内部控制应当与企业经营规模、业务范围、竞争状况和风险水平等相适应，并随着情况的变化及时加以调整。

（五）成本效益原则。内部控制应当权衡实施成本与预期效益，以适当的成本实现有效控制。

第五条 企业建立与实施有效的内部控制，应当包括下列要素：

（一）内部环境。内部环境是企业实施内部控制的基础，一般包括治理结构、机构设置及权责分配、内部审计、人力资源政策、企业文化等。

（二）风险评估。风险评估是企业及时识别、系统分析经营活动中与实现内部控制目标相关的风险，合理确定风险应对策略。

（三）控制活动。控制活动是企业根据风险评估结果，采用相应的控制措施，将风险控制在可承受度之内。

（四）信息与沟通。信息与沟通是企业及时、准确地收集、传递与内部控制相关的信息，确保信息在企业内部、企业与外部之间进行有效沟通。

（五）内部监督。内部监督是企业对内部控制建立与实施情况进行监督检查，评价内部控制的有效性，发现内部控制缺陷，应当及时加以改进。

第六条 企业应当根据有关法律法规、本规范及其配套办法，制定本企业的内部控制制度并组织实施。

第七条 企业应当运用信息技术加强内部控制，建立与经营管理相适应的信息系统，促进内部控制流程与信息系统的有机结合，实现对业务和事项的自动控制，减少或消除人为操纵因素。

第八条 企业应当建立内部控制实施的激励约束机制，将各责任单位和全体员工实施内部控制的情况纳入绩效考评体系，促进内部控制的有效实施。

第九条 国务院有关部门可以根据法律法规、本规范及其配套办法，明确贯彻实施本规范的具体要求，对企业建立与实施内部控制的情况进行监督检查。

第十条 接受企业委托从事内部控制审计的会计师事务所，应当根据本规范及其配套办法和相关执业准则，对企业内部控制的有效性进行审计，出具审计报告。会计师事务所及其签字的从业人员应当对发表的内部控制审计意见负责。为企业内部控制提供咨询的会计师事务所，不得同时为同一企业提供内部控制审计服务。

第二章 内部环境

第十一条 企业应当根据国家有关法律法规和企业章程，建立规范的公司治理结构和议事规则，明确决策、执行、监督等方面的职责权限，形成科学有效的职责分工和制衡机制。

股东（大）会享有法律法规和企业章程规定的合法权利，依法行使企业经营方针、筹资、投资、利润分配等重大事项的表决权。

董事会对股东（大）会负责，依法行使企业的经营决策权。

监事会对股东（大）会负责，监督企业董事、经理和其他高级管理人员依法履行职责。

经理层负责组织实施股东（大）会、董事会决议事项，主持企业的生产经营管理工作。

第十二条 董事会负责内部控制的建立健全和有效实施。监事会对董事会建立与实施内部控制进行监督。经理层负责组织领导企业内部控制的日常运行。企业应当成立专门机构或者指定适当的机构具体负责组织协调内部控制的建立实施及日常工作。

第十三条 企业应当在董事会下设立审计委员会。审计委员会负责审查企业内部控制，监督内部控制的有效实施和内部控制自我评价情况，协调内部控制审计及其他相关事宜等。

审计委员会负责人应当具备相应的独立性、良好的职业操守和专业胜任能力。

第十四条 企业应当结合业务特点和内部控制要求设置内部机构，明确职责权限，将权利与责任落实到各责任单位。

企业应当通过编制内部管理手册，使全体员工掌握内部机构设置、岗位职责、业务流程等情况，明确权责分配，正确行使职权。

第十五条 企业应当加强内部审计工作，保证内部审计机构设置、人员配备和工作的独立性。

内部审计机构应当结合内部审计监督，对内部控制的有效性进行监督检查。内部审计机构对监督检查中发现的内部控制缺陷，应当按照企业内部审计工作程序进行报告；对监督检查中发现的内部控制重大缺陷，有权直接向董事会及其审计委员会、监事会报告。

第十六条 企业应当制定和实施有利于企业可持续发展的人力资源政策。人力资源政策应当包括下列内容：

（一）员工的聘用、培训、辞退与辞职。

（二）员工的薪酬、考核、晋升与奖惩。

（三）关键岗位员工的强制休假制度和定期岗位轮换制度。

（四）掌握国家秘密或重要商业秘密的员工离岗的限制性规定。

（五）有关人力资源管理的其他政策。

第十七条 企业应当将职业道德修养和专业胜任能力作为选拔和聘用员工的重要标准，切实加强员工培训和继续教育，不断提升员工素质。

第十八条 企业应当加强文化建设，培育积极向上的价值观和社会责任感，倡导诚实守信、爱岗敬业、开拓创新和团队协作精神，树立现代管理理念，强化风险意识。

董事、监事、经理及其他高级管理人员应当在企业文化建设中发挥主导作用。企业员工应当遵守员工行为守则，认真履行岗位职责。

第十九条 企业应当加强法制教育，增强董事、监事、经理及其他高级管理人员和员工的法制观念，严格依法决策、依法办事、依法监督，建立健全法律顾问制度和重大法律纠纷案件备案制度。

第三章 风险评估

第二十条 企业应当根据设定的控制目标，全面系统持续地收集相关信息，结合实际情况，及时进行风险评估。

第二十一条 企业开展风险评估，应当准确识别与实现控制目标相关的内部风险和外部风险，确定相应的风险承受度。

风险承受度是企业能够承担的风险限度，包括整体风险承受能力和业务层面的可接受风险水平。

第二十二条 企业识别内部风险，应当关注下列因素：

（一）董事、监事、经理及其他高级管理人员的职业操守、员工专业胜任能力等人力资源因素。

（二）组织机构、经营方式、资产管理、业务流程等管理因素。

（三）研究开发、技术投入、信息技术运用等自主创新因素。

（四）财务状况、经营成果、现金流量等财务因素。

（五）营运安全、员工健康、环境保护等安全环保因素。

（六）其他有关内部风险因素。

第二十三条　企业识别外部风险，应当关注下列因素：

（一）经济形势、产业政策、融资环境、市场竞争、资源供给等经济因素。

（二）法律法规、监管要求等法律因素。

（三）安全稳定、文化传统、社会信用、教育水平、消费者行为等社会因素。

（四）技术进步、工艺改进等科学技术因素。

（五）自然灾害、环境状况等自然环境因素。

（六）其他有关外部风险因素。

第二十四条　企业应当采用定性与定量相结合的方法，按照风险发生的可能性及其影响程度等，对识别的风险进行分析和排序，确定关注重点和优先控制的风险。

企业进行风险分析，应当充分吸收专业人员，组成风险分析团队，按照严格规范的程序开展工作，确保风险分析结果的准确性。

第二十五条　企业应当根据风险分析的结果，结合风险承受度，权衡风险与收益，确定风险应对策略。

企业应当合理分析、准确掌握董事、经理及其他高级管理人员、关键岗位员工的风险偏好，采取适当的控制措施，避免因个人风险偏好给企业经营带来重大损失。

第二十六条　企业应当综合运用风险规避、风险降低、风险分担和风险承受等风险应对策略，实现对风险的有效控制。

风险规避是企业对超出风险承受度的风险，通过放弃或者停止与该风险相关的业务活动以避免和减轻损失的策略。

风险降低是企业在权衡成本效益之后，准备采取适当的控制措施降低风险或者减轻损失，将风险控制在风险承受度之内的策略。

风险分担是企业准备借助他人力量，采取业务分包、购买保险等方式和适当的控制措施，将风险控制在风险承受度之内的策略。

风险承受是企业对风险承受度之内的风险，在权衡成本效益之后，不准备采取控制措施降低风险或者减轻损失的策略。

第二十七条 企业应当结合不同发展阶段和业务拓展情况，持续收集与风险变化相关的信息，进行风险识别和风险分析，及时调整风险应对策略。

第四章 控制活动

第二十八条 企业应当结合风险评估结果，通过手工控制与自动控制、预防性控制与发现性控制相结合的方法，运用相应的控制措施，将风险控制在可承受度之内。

控制措施一般包括：不相容职务分离控制、授权审批控制、会计系统控制、财产保护控制、预算控制、运营分析控制和绩效考评控制等。

第二十九条 不相容职务分离控制要求企业全面系统地分析、梳理业务流程中所涉及的不相容职务，实施相应的分离措施，形成各司其职、各负其责、相互制约的工作机制。

第三十条 授权审批控制要求企业根据常规授权和特别授权的规定，明确各岗位办理业务和事项的权限范围、审批程序和相应责任。

企业应当编制常规授权的权限指引，规范特别授权的范围、权限、程序和责任，严格控制特别授权。常规授权是指企业在日常经营管理活动中按照既定的职责和程序进行的授权。特别授权是指企业在特殊情况、特定条件下进行的授权。企业各级管理人员应当在授权范围内行使职权和承担责任。

企业对于重大的业务和事项，应当实行集体决策审批或者联签制度，任何个人不得单独进行决策或者擅自改变集体决策。

第三十一条 会计系统控制要求企业严格执行国家统一的会计准则制度，加强会计基础工作，明确会计凭证、会计账簿和财务会计报告的处理程序，保证会计资料真实完整。

企业应当依法设置会计机构，配备会计从业人员。从事会计工作的人员，必须取得会计从业资格证书。会计机构负责人应当具备会计师以上专业技术职务资格。

大中型企业应当设置总会计师。设置总会计师的企业，不得设置与其职权重叠的副职。

第三十二条 财产保护控制要求企业建立财产日常管理制度和定期清查制度，采取财产记录、实物保管、定期盘点、账实核对等措施，确保财产安全。

企业应当严格限制未经授权的人员接触和处置财产。

第三十三条 预算控制要求企业实施全面预算管理制度，明确各责任单位在预算管理中的职责权限，规范预算的编制、审定、下达和执行程序，强化预算约束。

第三十四条 运营分析控制要求企业建立运营情况分析制度，经理层应当综合运用生产、购销、投资、筹资、财务等方面的信息，通过因素分析、对比分析、趋势分析等方法，定期开展运营情况分析，发现存在的问题，及时查明原因并加以改进。

第三十五条 绩效考评控制要求企业建立和实施绩效考评制度，科学设置考核指标体系，对企业内部各责任单位和全体员工的业绩进行定期考核和客观评价，将考评结果作为确定员工薪酬以及职务晋升、评优、降级、调岗、辞退等的依据。

第三十六条 企业应当根据内部控制目标，结合风险应对策略，综合运用控制措施，对各种业务和事项实施有效控制。

第三十七条 企业应当建立重大风险预警机制和突发事件应急处理机制，明确风险预警标准，对可能发生的重大风险或突发事件，制订应急预案、明确责任人员、规范处置程序，确保突发事件得到及时妥善处理。

第三十八条 企业应当建立信息与沟通制度，明确内部控制相关信息的收集、处理和传递程序，确保信息及时沟通，促进内部控制有效运行。

第三十九条 企业应当对收集的各种内部信息和外部信息进行合理筛选、核对、整合，提高信息的有用性。

企业可以通过财务会计资料、经营管理资料、调研报告、专项信息、内部刊物、办公网络等渠道，获取内部信息。

企业可以通过行业协会组织、社会中介机构、业务往来单位、市场调查、来信来访、网络媒体以及有关监管部门等渠道，获取外部信息。

第四十条 企业应当将内部控制相关信息在企业内部各管理级次、责任单位、业务环节之间，以及企业与外部投资者、债权人、客户、供应商、中介机构和监管部门等有关方面之间进行沟通和反馈。信息沟通过程中发现的问题，应当及时报告并加以解决。

重要信息应当及时传递给董事会、监事会和经理层。

第四十一条 企业应当利用信息技术促进信息的集成与共享，充分发挥信息技术在信息与沟通中的作用。

企业应当加强对信息系统开发与维护、访问与变更、数据输入与输出、文件储存与保管、网络安全等方面的控制，保证信息系统安全稳定运行。

第四十二条 企业应当建立反舞弊机制，坚持惩防并举、重在预防的原则，明确反舞弊工作的重点领域、关键环节和有关机构在反舞弊工作中的职责权限，规范舞弊案件的举报、调查、处理、报告和补救程序。

企业至少应当将下列情形作为反舞弊工作的重点：

（一）未经授权或者采取其他不法方式侵占、挪用企业资产，牟取不当利。

（二）在财务会计报告和信息披露等方面存在的虚假记载、误导性陈述或者重大遗漏等。

（三）董事、监事、经理及其他高级管理人员滥用职权。

（四）相关机构或人员串通舞弊。

第四十三条 企业应当建立举报投诉制度和举报人保护制度，设置举报专线，明确举报投诉处理程序、办理时限和办结要求，确保举报、投诉成为企业有效掌握信息的重要途径。

举报投诉制度和举报人保护制度应当及时传达至全体员工。

第五章　内部监督

第四十四条　企业应当根据本规范及其配套办法，制定内部控制监督制度，明确内部审计机构（或经授权的其他监督机构）和其他内部机构在内部监督中的职责权限，规范内部监督的程序、方法和要求。

内部监督分为日常监督和专项监督。日常监督是指企业对建立与实施内部控制的情况进行常规、持续的监督检查；专项监督是指在企业发展战略、组织结构、经营活动、业务流程、关键岗位员工等发生较大调整或变化的情况下，对内部控制的某一或者某些方面进行有针对性的监督检查。

专项监督的范围和频率应当根据风险评估结果以及日常监督的有效性等予以确定。

第四十五条　企业应当制定内部控制缺陷认定标准，对监督过程中发现的内部控制缺陷，应当分析缺陷的性质和产生的原因，提出整改方案，采取适当的形式及时向董事会、监事会或者经理层报告。

内部控制缺陷包括设计缺陷和运行缺陷。企业应当跟踪内部控制缺陷整改情况，并就内部监督中发现的重大缺陷，追究相关责任单位或者责任人的责任。

第四十六条　企业应当结合内部监督情况，定期对内部控制的有效性进行自我评价，出具内部控制自我评价报告。

内部控制自我评价的方式、范围、程序和频率，由企业根据经营业务调整、经营环境变化、业务发展状况、实际风险水平等自行确定。

国家有关法律法规另有规定的，从其规定。

第四十七条　企业应当以书面或者其他适当的形式，妥善保存内部控制建立与实施过程中的相关记录或者资料，确保内部控制建立与实施过程的可验证性。

第六章 附 则

第四十八条 本规范由财政部会同国务院其他有关部门解释。

第四十九条 本规范的配套办法由财政部会同国务院其他有关部门另行制定。

第五十条 本规范自 2009 年 7 月 1 日起实施。

附录B 企业内部控制评价指引

第一章 总 则

第一条 为了促进企业全面评价内部控制的设计与运行情况，规范内部控制评价程序和评价报告，揭示和防范风险，根据有关法律法规和《企业内部控制基本规范》，制定本指引。

第二条 本指引所称内部控制评价，是指企业董事会或类似权力机构对内部控制的有效性进行全面评价、形成评价结论、出具评价报告的过程。

第三条 企业实施内部控制评价至少应当遵循下列原则：

（一）全面性原则。评价工作应当包括内部控制的设计与运行，涵盖企业及其所属单位的各种业务和事项。

（二）重要性原则。评价工作应当在全面评价的基础上，关注重要业务单位、重大业务事项和高风险领域。

（三）客观性原则。评价工作应当准确地揭示经营管理的风险状况，如实反映内部控制设计与运行的有效性。

第四条 企业应当根据本评价指引，结合内部控制设计与运行的实际情况，制定具体的内部控制评价办法，规定评价的原则、内容、程序、方法和报告形式等，明确相关机构或岗位的职责权限，落实责任制，按照规定的办法、程序和要求，有序开展内部控制评价工作。

企业董事会应当对内部控制评价报告的真实性负责。

第二章 内部控制评价的内容

第五条 企业应当根据《企业内部控制基本规范》、应用指引以及本企业的内部控制制度，围绕内部环境、风险评估、控制活动、信息与沟通、内部监督等要素，确定内部控制评价的具体内容，对内部控制设计与运行情况进行全面评价。

第六条 企业组织开展内部环境评价，应当以组织架构、发展战略、人力资源、企业文化、社会责任等应用指引为依据，结合本企业的内部控制制度，对内部环境的设计及实际运行情况进行认定和评价。

第七条 企业组织开展风险评估机制评价，应当以《企业内部控制基本规范》有关风险评估的要求，以及各项应用指引中所列主要风险为依据，结合本企业的内部控制制度，对日常经营管理过程中的风险识别、风险分析、应对策略等进行认定和评价。

第八条 企业组织开展控制活动评价，应当以《企业内部控制基本规范》和各项应用指引中的控制措施为依据，结合本企业的内部控制制度，对相关控制措施的设计和运行情况进行认定和评价。

第九条 企业组织开展信息与沟通评价，应当以内部信息传递、财务报告、信息系统等相关应用指引为依据，结合本企业的内部控制制度，对信息收集、处理和传递的及时性、反舞弊机制的健全性、财务报告的真实性、信息系统的安全性，以及利用信息系统实施内部控制的有效性等进行认定和评价。

第十条 企业组织开展内部监督评价，应当以《企业内部控制基本规范》有关内部监督的要求，以及各项应用指引中有关日常管控的规定为依据，结合本企业的内部控制制度，对内部监督机制的有效性进行认定和评价，重点关注监事会、审计委员会、内部审计机构等是否在内部控制设计和运行中有效发挥监督作用。

第十一条 内部控制评价工作应当形成工作底稿，详细记录企业执行评价工作的内容，包括评价要素、主要风险点、采取的控制措施、有关证据资料以及认定结果等。评价工作底稿应当设计合理、证据充分、简便易行、便于操作。

第三章 内部控制评价的程序

第十二条 企业应当按照内部控制评价办法规定的程序，有序开展内部控制评价工作。

内部控制评价程序一般包括：制定评价工作方案、组成评价工作组、实施现场测试、认定控制缺陷、汇总评价结果、编报评价报告等环节。

企业可以授权内部审计部门或专门机构（以下简称内部控制评价部门）负责内部控制评价的具体组织实施工作。

第十三条 企业内部控制评价部门应当拟订评价工作方案，明确评价范围、工作任务、人员组织、进度安排和费用预算等相关内容，报经董事会或其授权机构审批后实施。

第十四条 企业内部控制评价部门应当根据经批准的评价方案，组成内部控制评价工作组，具体实施内部控制评价工作。评价工作组应当吸收企业内部相关机构熟悉情况的业务骨干参加。评价工作组成员对本部门的内部控制评价工作应当实行回避制度。企业可以委托中介机构实施内部控制评价。为企业提供内部控制审计服务的会计师事务所，不得同时为同一企业提供内部控制评价服务。

第十五条 内部控制评价工作组应当对被评价单位进行现场测试，综合运用个别访谈、调查问卷、专题讨论、穿行测试、实地查验、抽样和比较分析等方法，充分收集被评价单位内部控制设计和运行是否有效的证据，按照评价的具体内容，如实填写评价工作底稿，研究分析内部控制缺陷。

第四章　内部控制缺陷的认定

第十六条 内部控制缺陷包括设计缺陷和运行缺陷。企业对内部控制缺陷的认定，应当以日常监督和专项监督为基础，结合年度内部控制评价，由内部控制评价部门进行综合分析后提出认定意见，按照规定的权限和程序进行审核后予以最终认定。

第十七条 企业在日常监督、专项监督和年度评价工作中，应当充分发挥内部控制评价工作组的作用。内部控制评价工作组应当根据现场测试获取的证据，对内部控制缺陷进行初步认定，并按其影响程度分为重大缺陷、重要缺陷和一般缺陷。

重大缺陷，是指一个或多个控制缺陷的组合，可能导致企业严重偏离控制目标。

重要缺陷，是指一个或多个控制缺陷的组合，其严重程度和经济后果低于重大缺陷，但仍有可能导致企业偏离控制目标。

一般缺陷，是指除重大缺陷、重要缺陷之外的其他缺陷。

重大缺陷、重要缺陷和一般缺陷的具体认定标准，由企业根据上述要求自行确定。

第十八条　企业内部控制评价工作组应当建立评价质量交叉复核制度，评价工作组负责人应当对评价工作底稿进行严格审核，并对所认定的评价结果签字确认后，提交企业内部控制评价部门。

第十九条　企业内部控制评价部门应当编制内部控制缺陷认定汇总表，结合日常监督和专项监督发现的内部控制缺陷及其持续改进情况，对内部控制缺陷及其成因、表现形式和影响程度进行综合分析和全面复核，提出认定意见，并以适当的形式向董事会、监事会或者经理层报告。重大缺陷应当由董事会予以最终认定。

企业对于认定的重大缺陷，应当及时采取应对策略，切实将风险控制在可承受度之内，并追究有关部门或相关人员的责任。

第五章　内部控制评价报告

第二十条　企业应当根据《企业内部控制基本规范》、应用指引和本指引，设计内部控制评价报告的种类、格式和内容，明确内部控制评价报告编制程序和要求，按照规定的权限报经批准后对外报出。

第二十一条　内部控制评价报告应当分别内部环境、风险评估、控制活动、信息与沟通、内部监督等要素进行设计，对内部控制评价过程、内部控制缺陷认定及整改情况、内部控制有效性的结论等相关内容作出披露。

第二十二条　内部控制评价报告至少应当披露下列内容：

（一）董事会对内部控制报告真实性的声明。

（二）内部控制评价工作的总体情况。

（三）内部控制评价的依据。

（四）内部控制评价的范围。

（五）内部控制评价的程序和方法。

（六）内部控制缺陷及其认定情况。

（七）内部控制缺陷的整改情况及重大缺陷拟采取的整改措施。

（八）内部控制有效性的结论。

第二十三条　企业应当根据年度内部控制评价结果，结合内部控制评价工作底稿和内部控制缺陷汇总表等资料，按照规定的程序和要求，及时编制内部控制评价报告。

第二十四条　内部控制评价报告应当报经董事会或类似权力机构批准后对外披露或报送相关部门。

企业内部控制评价部门应当关注自内部控制评价报告基准日至内部控制评价报告发出日之间是否发生影响内部控制有效性的因素，并根据其性质和影响程度对评价结论进行相应调整。

第二十五条　企业内部控制审计报告应当与内部控制评价报告同时对外披露或报送。

第二十六条　企业应当以12月31日作为年度内部控制评价报告的基准日。

内部控制评价报告应于基准日后4个月内报出。

第二十七条　企业应当建立内部控制评价工作档案管理制度。

内部控制评价的有关文件资料、工作底稿和证明材料等应当妥善保管。

附录C 某铝业公司×××年度内部控制评价报告

××股份有限公司全体股东：

根据《企业内部控制基本规范》等法律法规的要求，我们对本公司（下称“公司”）内部控制的有效性进行了自我评价。

一、董事会声明

公司董事会及全体董事保证本报告内容不存在任何虚假记载、误导性陈述或重大遗漏，并对报告内容的真实性、准确性和完整性承担个别及连带责任。

建立健全并有效实施内部控制是公司董事会的责任；监事会对董事会建立与实施内部控制进行监督；经理层负责组织领导公司内部控制的日常运行。

公司内部控制的目标是：合理保证经营合法合规、资产安全、财务报告及相关信息真实完整，提高经营效率和效果，促进实现发展战略。由于内部控制存在固有局限性，故仅能对达到上述目标提供合理保证。

二、内部控制评价工作的总体情况

公司董事会授权监事会主席××为评价机构负责人，审计部经理××负责内部控制评价的具体组织实施工作，×××会计师事务所协助实施内部控制评价，对纳入评价范围的控制环境、控制活动等领域和下属生产经营单位进行评价，并及时向董事会或委托人汇报。

公司聘请了专业机构×××会计师事务所协助实施内部控制评价，并编制内部控制评价报告。

三、内部控制评价的依据

本评价报告旨在根据中华人民共和国财政部等五部委联合发布的《企业内部控制基本规范》及《企业内部控制评价指引》的要求，结合企业内部控制制度和评价办法，在内部控制日常监督和专项监督的基础上，对公司截至×××年12月31日内部控制设计与运行的有效性进行评价。

四、内部控制评价的范围

内部控制评价的范围涵盖了公司及所属单位的各种业务和事项，重点关注下列高风险领域：[列示公司根据风险评估结果确定的前“十大”主要风险]。纳入评价范围的单位包括：[描述公司及所属单位的明确范围]。纳入评价范围的业务和事项包括：（一）组织架构；（二）发展战略；（三）人力资源；（四）社会责任；（五）企业文化；（六）资金活动；（七）采购业务；（八）资产管理；（九）销售业务；（十）研究与开发；（十一）工程项目；（十二）财务报告；（十三）全面预算；（十四）合同管理；（十五）内部信息传递；（十六）信息系统。上述业务和事项的内部控制涵盖了公司经营管理的主要方面，不存在重大遗漏。

五、内部控制评价的程序和方法

内部控制评价工作严格遵循基本规范、评价指引及公司内部控制评价办法规定的程序执行[描述公司开展内部控制检查评价工作的基本流程]。

评价过程中，我们采用了个别访谈、调查问题、专题讨论、穿行测试、实地查验、抽样和比较分析等适当方法，广泛收集公司内部控制设计和运行是否有效的证据，如实填写评价工作底稿，分析、识别内部控制缺陷。

六、内部控制缺陷及其认定

公司董事会根据基本规范、评价指引对重大缺陷、重要缺陷和一般缺陷的认定要求，结合公司规模、行业特征、风险水平等因素，研究确定了适用本公司的内部控制缺陷具体认定标准，并与以前年度保持了一致。

根据上述认定标准，结合日常监督和专项监督情况，我们发现报告期内存在31个缺陷，其中重大缺陷3个，重要缺陷5个。重大缺陷分别为：管理结构欠缺，公司过于集权造成下层人员的依赖，处理事物都没有“未雨绸缪”的观念和习惯；有关的控制活动特别是实际与预算、内部数据与外部来源信息方面有重大缺陷；风险管理部门没有建立合理流程，以识别经营环境（包括监管环境）发生的重大变化。

七、内部控制缺陷的整改情况

针对报告期内发现的内部控制缺陷，公司采取了相应的整改措施。对于整改完成的重大缺陷，公司有足够的测试样本显示，与重大缺陷有关的控制活动均进行了合理设计且运行有效。

经过整改，公司在报告期末仍存在 4 个缺陷，其中重大缺陷 1 个，重要缺陷 3 个。重大缺陷为：公司过于集权造成下层人员的依赖。

针对报告期末未完成整改的重大缺陷，公司拟进一步采取相应措施加以整改，逐步适当下放权力。部分管理责权下放，可形成良好的管理结构与机制。

八、内部控制有效性的结论

公司已经根据基本规范、评价指引及其他相关法律法规的要求，对公司截至××××年 12 月 31 日的内部控制设计与运行的有效性进行了自我评价。

报告期内，公司在内部控制设计与运行方面存在尚未完成整改的重大缺陷：公司过于集权造成下层人员的依赖。由于存在上述缺陷，可能会给公司未来生产经营带来相关控制风险。

自内部控制评价报告基准日至内部控制评价报告发出日之间没有发生对评价结论产生实质性影响的内部控制的重大变化。

我们注意到，内部控制应当与公司经营规模、业务范围、竞争状况和风险水平等相适应，并随着情况的变化及时加以调整。[简要描述下一年度内部控制工作计划] 未来期间，公司将继续完善内部控制制度，规范内部控制制度执行，强化内部控制监督检查，促进公司健康、可持续发展。

董事长：(签名)

××股份有限公司

××××年××月××日

参考文献

[1] 唐立新，龙翰林．企业内部控制百分制评价法的探讨［J］．商业会计，2010（6）．

[2] 池国华，樊子君，曲明．内部控制学［M］．北京：北京大学出版社，2010.

[3] 梁运吉．基于模糊数学的内部控制量化评价初探［J］．中小企业管理与科技，2010（3）．

[4] 于增彪，王竞达，等．企业内部控制评价体系的构建——基于亚新科工业技术有限公司的案例研究［J］．审计研究，2007（3）．

[5] 李定安，周娜．商业银行内部控制状况的模糊综合评价方法［J］．金融论坛，2007（1）．

[6] 财政部．内部会计控制规范——基本规范（财会［2001］41号），2001，6.

[7] 财政部，证监会，审计署，银监会，保监会．企业内部控制配套指引，2010.

[8] 熊恒昌．会计制度设计［M］．北京：中国财经出版社，2004.

[9] 唐立新，杨自彬，等，管理会计［M］．天津：天津大学出版社，2010.

[10] 财政部．中国注册会计师独立审计准则［M］．北京：中国财经出版社，2006.

[11] 刘颖．新时期完善内部控制评价标准的几点思考［J/OL］．［2010-10］．http：//71. people. com. cn

[12] 张宜霞．企业内部控制评价方法的比较［J］．会计之友，2009（1）．

[13] 银监会．商业银行内部控制评价试行办法［M］．北京：中国金融出版社，2005.

[14] 刘杰．提高企业内部控制的有效性［J］．合作经济与合作，2010（2）．

[15] 韩传模，汪士果．基于AHP的企业内部控制模糊综合评价［J］．会计研究，2009（4）．

[16] 南京大学会计与财务研究院课题组．论中国企业内部控制评价制度的现实模式——基于112个企业案例的研究［J］．会计研究，2010（6）．

[17] 张立群．我国的经济周期问题研究［J］．管理世界，1997（11）．

[18] 吴长栋．积极探索加强新形势下的企业文化建设［J］．商场现代化，2009，（1）．

[19] 徐掌元．企业内部控制存在的问题与对策［J］．产业与科技论坛，2008，（4）．

[20] 谢英亮，谢林海，袁红萍，刘贻玲．系统动力学在财务管理中的应用［M］．北京：冶金工业出版社，2007.

[21] 肖伟．公司治理结构与内部控制探讨［J］．交通财会，2007（7）．

[22] 冯海湘．内部控制与公司治理结构［J］．湖南财经高等专科学校学报，2004（6）．

[23] 邹爱华，胡杰峰．国有公司治理结构的法理分析［J］．北大法律信息网

[24] 陈昕，沈乐平．民营企业公司治理机制及其发展趋向［J］．商业研究，2009（5）．

[25] 唐立新，龙翰林．内部控制应对后金融危机的研究［C］．南方片区会计学会第25次学术研讨会（海口）论文集，2010. 12.

冶金工业出版社部分图书推荐

书　名	作　者	定价(元)
基础会计与实务（高职高专）	刘淑芬	30.00
施工企业会计（第2版）(国规教材)	朱宾梅	46.00
初级会计学（高职教材）	西凤茹	29.00
现代企业管理（高职教材）	李　鹰	28.00
矿山企业管理（高职教材）	陈国山	28.00
现代生产管理（本科教材）	丁文英	30.00
管理学概论（本科教材）	杨红娟	29.00
有色金属矿床开采（英文）（本科教材）	占丰林	32.00
土木工程材料（英文）（本科教材）	陈　瑜	27.00
建筑施工实训指南（高职教材）	韩玉文	28.00
城市交通信号控制基础（本科教材）	于　泉	20.00
建筑工程经济与项目管理	李慧民	28.00
材料产业管理工程概论	王家诚	18.00
烧结管理概论	孙文东	25.00
工程项目管理与案例	盛天宝	36.00
煤矿安全技术与管理	郭国政	29.00
解读质量管理	那宝魁	35.00
现代设备管理	王汝杰	56.00
矿山企业安全管理	刘志伟	25.00
安全管理技术	袁昌明	46.00
系统动力学在财务管理中的应用	谢英亮	18.00
矿业投资决策理论与方法	郑明贵	25.00
建筑结构振动计算与抗振措施	张荣山	55.00
岩巷工程施工——掘进工程	孙延宗	120.00
岩巷工程施工——支护工程	孙延宗	100.00
钢骨混凝土异形柱	李　哲	25.00